T0179543

BERNARDO STAMATEAS es licenciado en Psicología y en Teología, terapeuta familiar y sexólogo clínico. Miembro de la Sociedad Argentina de Sexualidad Humana, ha impartido conferencias en distintos lugares del mundo. Sus primeros libros, *Gente tóxica*, *Emociones tóxicas* y *Heridas emocionales*, lo han convertido en un fenómeno internacional en el campo de la autoayuda.

www.stamateas.com

Títulos publicados

Gente tóxica
Emociones tóxicas
Heridas emocionales
No me maltrates
Quiero un cambio
Resultados extraordinarios
Más gente tóxica
¡Puedo superarme!
Fracasos exitosos
Nudos mentales
Tu fuerza interior
Calma emocional
Soluciones prácticas
Intoxicados por la fe
Liderazgo exitoso

Papel certificado por el Forest Stewardship Council®

Penguin
Random House
Grupo Editorial

Primera edición en B de Bolsillo: enero de 2014
Primera edición en este formato: junio de 2018
Octava reimpresión: octubre de 2023

© 2012, Bernardo Stamateas
© 2012, 2014, Penguin Random House Grupo Editorial, S. A. U.
Travessera de Gràcia, 47-49. 08021 Barcelona
Diseño de la cubierta: Penguin Random House Grupo Editorial
Fotografía de la cubierta: © Shutterstock

Printed in Spain – Impreso en España

ISBN: 978-84-9070-589-6
Depósito legal: B-6.593-2018

Impreso en Liberdúplex
Sant Llorenç d'Hortons (Barcelona)

BB 0 5 8 9 C

Heridas emocionales

BERNARDO STAMATEAS

*A mis viejos, Jristós y Ana, porque ellos
me enseñaron el valor de la vida*

AGRADECIMIENTOS

A todo el equipo de trabajo que hizo posible este libro —Silvia, Cristina, Karina y Silvana— mi mayor gratitud. Al doctor Juan Carlos Kusnetsoff, gracias por el apoyo y la generosidad de siempre.

PRÓLOGO

Es un privilegio poder participar del prólogo de este libro. Bernardo es una de las personas que está dentro de mi corazón.

Una de las cosas que tiene esta profesión es conocer gente que realmente vale la pena, y una de ellas es Bernardo. Una de las cosas por las cuales siento mucho orgullo es por mis padres, me han enseñado miles de cosas importantes, pero también me han criado con un montón de frases hechas, que a veces uno quisiera sacar de su vida personal, como por ejemplo: «Si no comes, el hombre del saco vendrá a llevarte», «No te puedes tirar a la piscina hasta dos horas después de haber comido, porque puedes tener un corte de digestión». Pero una de las frases que más me ha marcado fue esta: «A los amigos se los conoce en las malas.» Lo que quiere decir que a veces, en las buenas, estás muy solo.

Por eso, es muy bueno que aparezca gente en tu misma sintonía y que entiende, se enorgullece y se llena de felicidad con tu éxito y te ayuda a que tu vida sea mejor. De esa gente quiero rodearme.

Estaba en un momento de crisis personal, donde no sabía quién era mi amigo, y quién no lo era; en uno de esos momentos yo quería un cambio, porque realmente estaba cansado de tener «gente tóxica» a mi lado que provocaba «emociones tóxicas», por lo cual pensaba que mi vida estaba llena de «fracasos exitosos». A partir del momento en que conocí a Bernardo sentí que podía «quererme más», y disfrutar sin culpa de los «resultados extraordinarios».

Estoy seguro de que la persona que lea, escuche, tome un café o comparta una cena como las que yo he podido compartir con Bernardo, es muy probable que jamás en su vida vuelva a tener «heridas emocionales».

DIEGO PÉREZ

INTRODUCCIÓN

Todos tenemos un pasado y a todos nos han sucedido cosas hermosas y feas, tenemos recuerdos que nos sostienen emocionalmente y recuerdos que nos entristecen. Es por eso que en el presente trabajo queremos hacer un viaje al pasado para ir nuevamente a esas experiencias tristes que hemos vivido y así poder sanarlas. Alguien dijo que si no sanas tu pasado, estás condenado a repetirlo.

El objetivo de este viaje no es deprimirnos, ni hundirnos emocionalmente. Tampoco es recordar obsesivamente todo nuestro pasado para quedarnos a vivir en él. La finalidad es resolverlo y avanzar.

Robert Neimeyer, un excelente escritor, es autor de un libro acerca de la ansiedad que embarga a las personas frente al tema de la muerte. Él ha investigado por qué algunas personas «aceptan» la muerte de una manera mucho más tranquila que otras. Y ha descubierto que esas personas no tenían temas pendientes. No había nada abierto en su pasado, o casi nada. Esas personas, en su mayoría, se habían dedicado a alcanzar sus metas y proyectos.

El hecho es que no necesitamos esperar una desgracia o una muerte para aprender a vivir disfrutando de la vida, de sus momentos buenos y no tan buenos. Necesitamos aprender a vivir cerrando los temas que tenemos pendientes con hechos y personas, a fin de que no nos queden deudas emocionales sin saldar.

Lo que proponemos aquí, en este libro, son técnicas de ayuda, utilizadas en diferentes tipos de terapia, que se brindan a aquellas personas que han pasado por un hecho traumático o una circunstancia de dolor. Son técnicas y métodos utilizados por profesionales que aman su profesión y las aplican para el bien y la salud del paciente.

Cuando sanamos los recuerdos de nuestra vida, el presente se ve de otra forma.

Este libro bajo ningún concepto reemplaza a la psicoterapia individual o familiar, ni sustituye la ayuda profesional. Su objetivo es brindar algunas herramientas prácticas que nos puedan ayudar a cerrar esas historias abiertas que nos han quedado del pasado.

El pasado fue co-construido entre nosotros y otras personas, pero el futuro es una construcción nuestra, porque somos los arquitectos de nuestro destino. Estoy convencido de que si logramos sanar el pasado, cerrarlo y hacer las paces con él, podremos activar una de las emociones más poderosas que existen, la esperanza: esperar algo que es el mañana.

Como en todos mis libros, he tratado de ser muy práctico y sencillo, de brindar ideas conocidas que nos permitan hacer este recorrido y transformarnos, sanar el pasado en el presente.

San Agustín decía que el pasado estaba en el presente, el presente en el presente y el futuro en el presente. Es el momento de sanar nuestro hoy y caminar hacia un mañana mejor.

Nos vemos en la cima.

BERNARDO STAMATEAS

1

TRANSFORMANDO
«EL RECUERDO DE UNA HERIDA»
EN UNA CICATRIZ DE VICTORIA

1. BAJO EN LA PRÓXIMA ESTACIÓN

A lo largo de nuestra vida todos nosotros tendremos que pasar por cuatro etapas. Cada una de ellas es como un viaje en tren y al llegar a determinada estación, el viaje termina. Entonces hay que bajar, tomar otro tren y llegar a la próxima estación. ¿Cuáles son esas cuatro estaciones?

La primera es la estación de la niñez. Cuando termina la niñez, nos tenemos que bajar y tomar el tren que nos va a llevar a la segunda estación de la vida, que es la adolescencia. Una vez que atravesamos la adolescencia, nos bajamos del tren y entramos en otra etapa, que es la juventud y la adultez. Y al final de esa etapa, nos bajamos y tenemos que tomar otro tren que se llama vejez.

Todos tendremos que pasar por esas etapas y estaciones. Sin embargo, a veces las personas no quieren bajar en la estación que corresponde, por comodidad, o porque donde están encuentran mayor placer o privilegio. Por ejemplo, quieren quedarse en la niñez y se dicen: «De aquí no me muevo, me encanta esta etapa en la que todos se ocupan de mí.» O eligen permanecer para siempre en la adolescencia porque «Ser adolescente es lo mejor que me pudo pasar». Pero eso les causará algunos inconvenientes, la vida es un continuo pasar de una estación a la otra.

¿Qué pasa cuando alguien no quiere bajar en una estación? Puede ser, por ejemplo, uno de esos eternos adolescentes que, con cuarenta años o más, siguen dependiendo para vivir de los ahorros de sus padres o de la oportunidad que alguien de su familia pueda darles.

> Vive cada etapa de tu vida intensamente porque el pasado, pasado es, para no sufrir por lo que pudo ser. Por eso disfruta tu vida con energía.
>
> Ivelisse Guerrero

Otras personas se han saltado estaciones. Por ejemplo, aquel que no tuvo infancia porque durante sus primeros años de vida sufrió abusos, no fue valorado o porque en el tiempo en que tenía que jugar, ir al parque o disfrutar de sus juguetes, tuvo la obligación de cuidar a sus hermanos menores y de pronto se encontró en el mundo de la juventud. O aquel que estando a punto de terminar su niñez y entrar en la etapa de la adolescencia, no pudo hacerlo porque tuvo que salir a trabajar, a luchar por la vida, y de pronto se encontró en la etapa de la juventud-adultez.

Cuando nos quedamos demasiado en una etapa o cuando saltamos una etapa porque no la vivimos o la vivimos mal, la mayoría de las veces queda en nuestra historia de vida una herida que necesitamos cicatrizar. Si tenemos heridas abiertas, carencias en nuestra historia, no podremos seguir creciendo y construir un futuro.

La tercera etapa de la vida abarca la juventud y la adultez. ¿Cuándo una persona se convierte en un joven? Cuando deja la adolescencia e incorpora el mañana. Cuando dice: «Quiero proyectarme en algo.» Es decir que la juventud-adultez es la etapa de la conquista, de los proyectos, de los sueños. Durante esa etapa queremos prosperar, queremos soñar, queremos avanzar y lograr cosas: tenemos metas. Pero, ¿qué pasa cuando estás lastimado en esta etapa? Entras en depresión, ya no tienes sueños, nada de lo que está por delante parece tener sentido, simplemente esperas que la vida pase. Sin embargo, esta es una etapa en la que necesitas afianzarte, sanar tus heridas, para seguir proyectándote a todo lo que está por llegar a tu vida. Precisamente, durante la etapa en que la herida pareciera estar más abierta es cuando necesitas cicatrizarla para que puedas volver a luchar.

> **La juventud es el momento de estudiar la sabiduría; la vejez, el de practicarla.**
>
> **Jean Jacques Rousseau**

Y luego nos encontramos con la cuarta etapa, la vejez. Podemos considerar que es simplemente «el último tren», o podemos hacer algo mucho mejor: descubrir que tiene un sentido y un valor único, que es la etapa de la sabiduría.

La vejez tiene mala prensa. En los cuentos, ¿la bruja es joven o vieja? Es vieja. Y el hombre del saco, ¿es joven o viejo? Es viejo. Pero, como se suele decir, viejos son los trapos.

¿Cuándo te sentiste viejo por primera vez?

- Cuando te trataron de usted.
- Cuando le guiñaste el ojo a una mujer, y ella te dio el pañuelo para que te sacaras la mota del ojo.
- Cuando los regalos de tu cumpleaños se convirtieron en crema antiarrugas, pegamento para dentaduras pos-

tizas, tinte para el pelo o un bastón de madera importada.

- Cuando te dijeron un piropo y allí mismo levantaste un monumento y pasas cada tanto para recordarlo.
- Cuando tu mesita de noche se llenó de medicamentos, medicamentos, medicamentos...
- Cuando tu agenda empezó con Dr., Dr., Dr...
- Cuando comenzaste a cuidar de tu jardín porque es la parte más importante de tu vida.

El fin de la vida no es la vejez; el fin de la vida es la muerte. La vejez es solo una etapa.

Empezamos la vida corriendo y la terminamos caminando; arrancamos con fuerzas en la infancia, pero terminamos la vida a paso lento para disfrutar del paisaje. En esta etapa puedes seguir soñando, aconsejando, tu experiencia vale y mucho, puedes compartir tu historia con tus hijos y tus nietos. Pero lo más importante es que estás a tiempo de restaurar tu historia, de sanarla por completo, de no dejar ninguna puerta del dolor abierta sino cerrar todas aquellas que aún hoy duelen. Cuando sean solo una cicatriz, tendrás una vejez extraordinaria, llena de gozos, llena de sueños y de amistades, y plena de sabiduría, porque cada estación va acumulando todas las estaciones anteriores.

Por todo esto te propongo no seguir con ninguna herida abierta. No dejes «puertas abiertas». Te ofrezco técnicas que te ayudarán a cerrarlas, a cicatrizar todas esas etapas que tuviste que saltar por las circunstancias que te tocaron vivir.

¿Cuál de las etapas de tu historia está lastimada?

- Tu infancia, y aún te duele no haber podido jugar.
- Tu adolescencia, esa etapa en la que soñabas que toca-

bas el cielo con las manos, y lamentas no haber tenido amigos para compartirla.

- La juventud-adultez, cuando no pudiste conseguir algo y te quitaron las ganas de poner en marcha lo que una vez soñaste.
- La vejez, porque quisieron robarte la sabiduría, y te dicen, te señalan, te remarcan que a tu edad ya no puedes hablar, que no tiene sentido nada de lo que dices.

Quiero decirte que todas esas heridas, esas puertas que aún están abiertas, pueden hacerse cicatriz y ser la marca de que todo lo que has vivido te ha ayudado, para bien, para seguir creciendo y para seguir adelante; pueden ser la muestra de que si lo has superado es porque estás totalmente sano. ¡Ya no sangras por la herida!

2. Ejercicios que sanan

Ejercicio 1: Escribir y renunciar

Te propongo hacer un ejercicio: escribe y luego renuncia. Renuncia a ese recuerdo triste, a ese recuerdo que aún no te deja avanzar ni te permite sanar esa herida.

Coge un papel y anota los diez recuerdos más tristes de tu vida:

1 ....
2 ....
3 .... y así sucesivamente hasta llegar a diez.

Una vez que los hayas escrito, lee en voz alta cada uno de ellos y renuncia ante Dios a cada recuerdo.

Por ejemplo, si tu dolor fue no haber recibido de tu padre o de tu madre un abrazo en tu infancia, di:

«Hoy renuncio al dolor que sentí al no haber sido abrazado por mi madre / mi padre cada vez que los necesitaba. Hoy renuncio a ese recuerdo porque sé que a partir de hoy yo seré una persona que abrazará a los demás, que demostrará afecto y recibirá amor.»

La técnica de escribir los recuerdos te permitirá:

- Objetivar las preocupaciones que no te sirven, dándoles un carácter más concreto.
- No distraerte con tus pensamientos; hay un tiempo preciso para recordar.
- Pensar en otras cosas, ya que los pensamientos malos están prohibidos.
- Comprender que tienes cosas más importantes para hacer.

Cuantas más cosas consigas poner en el papel, menos se quedarán en tu mente.

Ejercicio 2: La carta para los días malos*

Si tienes que cerrar una herida, si sientes que esta marca, este dolor, está en su fase más aguda, te invito a que cuando tengas un mal día, en un momento en que te sientas capaz de hacerlo, escribas una carta para ti mismo. En la carta puedes expresar tu apoyo, tu solidaridad con tu propia persona, y también darte algunos buenos consejos sobre qué puedes hacer para sobrellevar ese mal día, o incluso convertirlo en uno

---

* Tomado de Mark Beyerbach y Marga Herrero de Vega, *200 tareas en terapia breve*, Herder, Barcelona, 2010.

bueno; recordar qué acciones has llevado a cabo en situaciones similares y te han ayudado a sobrellevar las heridas y a cerrarlas.

Esta técnica, «la carta para los días malos», es adecuada si sientes que ya has mejorado y estás en condiciones de identificar qué cosas te ayudan en los malos momentos.

3. PREGUNTAS FRECUENTES

- **No comprendo por qué la gente me busca para que yo sea su paño de lágrimas, ¿eso habla bien de mí?**

No todas las personas tienen la capacidad de ponerse en el lugar del otro para ayudarlo a revertir y a sanar su dolor. Si eres una persona que sabe acercar al otro a una solución es porque en tus manos, metafóricamente hablando, hay una sábana blanca que sabe cubrir las heridas de los demás. Sabe decir: «Yo te voy a tapar. Yo te voy a cubrir. Nadie va a ver las heridas que tienes.» Seguramente sabes tapar las heridas del otro y sabes cómo abrazarlo.

- **¿Cómo puedo ayudar a alguien que está herido?**

Nunca hables mal de alguien que está herido, porque mañana puede darte trabajo, y ser quien te ayude a sanar esa herida tuya que aún está abierta. Lo que tenemos que hacer es usar una túnica blanca. Cuando lo hagamos siempre vendrá alguien a abrazarte y bendecirte.

- **¿Qué puedo hacer cuando siento que tengo una herida abierta que no logro cerrar?**

Todos necesitamos prepararnos para que, cuando vengan los días malos, sepamos qué hacer. En primer lugar, podemos llorar, no hay que reprimirse, hay que gastar el dolor.

Llorar es la expresión emocional que aparece en momentos de dificultad. Llorar.

Cuando miras el telar, ves que tiene nudos; pero cuando el trabajo está terminado tienes un bonito jersey. Las crisis te están formando; hoy estás llorando, pero por la mañana todas las cosas cambiarán para bien, porque «crisis es prueba» y «testimonio es prueba superada». Todo lo malo que la vida nos depara, se termina transformando en un testimonio que será de ayuda a los demás. Has pasado por el valle de la dificultad, pero ya lo has atravesado.

Las crisis van a quitar de tu vida todas las cosas que no sirven, la mente estrecha, los miedos, la derrota, la tristeza... Porque todas las pruebas que hoy estás pasando serán transformadas en tu experiencia de victoria, porque cuando las circunstancias o las personas que te causaron esa herida intentan tirar de ti, lo único que logran es quitar de tu vida aquello que ya no te sirve.

En 1498 Miguel Ángel esculpió la *Piedad*, la escultura de mármol que está en la basílica de San Pedro, en Roma. En la *Piedad* María tiene en sus brazos el cuerpo de Jesús recién bajado de la cruz. En 1972 un loco la golpeó con una maza. La estatua se quebró en distintas partes, pero gracias al trabajo de los restauradores, la gente puede seguir contemplando esa obra, y se alegra por dos motivos: primero, por la belleza de la creación, y segundo, por la belleza de la restauración. Cuando la vida te dé un golpe y algo tuyo se quiebre, alguien vendrá a restaurarte. Aunque pienses que estás viviendo el peor día de tu vida, tiene solución y saldrás ganando.

• **¿Qué puedo hacer cuando alguien me lastima?**
Cuando el enojo dura mucho tiempo, es muy intenso y

se dispara por cualquier motivo, entonces tenemos que tener cuidado, porque el enojo en cantidades excesivas es nocivo, y puede acarrear enfermedades muy graves.

En estos casos, es aconsejable utilizar la técnica que llamamos el «tiempo afuera»: salir de la situación, dar una vuelta, caminar, salir de la habitación donde nos encontramos, salir de la casa. O sea, tomar un poco de distancia, ya que es bueno expresar el enojo, es bueno poner límites, pero no tenemos que dejar que se nos acumule, porque cuando dura mucho tiempo, y es muy potente, y empieza a acelerarse por cualquier tontería, puede hacernos enfermar.

- **¿Qué hay que hacer en el día malo, el día en que nada parece alcanzar para que me sienta bien?**

Ese día no revivas amarguras pasadas ni alimentes rencor por lo que estás viviendo.

La gente busca echarle las culpas a alguien, muchas veces a su familia, pero tú no le tienes que echar la culpa a nadie, ni siquiera en el peor día de tu vida, porque cuando echas la culpa al otro, te amargas, y un espíritu amargado nunca te va a sacar de tu peor día, te va a fijar ahí.

No te amargues, al contrario, aprende que hay gente que no sabe lo que dice, hay gente que no sabe lo que hace, y a ti te toca perdonarlos.

Jesús dijo: «Perdónalos, no saben lo que hacen.» ¿Por qué? ¿No sabían? Si lo colgaron desnudo y rifaron su ropa, sí que sabían. Con esa frase Jesús expresó: yo no voy a dejar que nadie amargue mi corazón, porque si quiero resucitar tengo que generar una atmósfera de perdón. Por eso, si te han criticado, si te han lastimado, si han abierto una herida, una vez que puedas perdonar, se va a cerrar. Hará una cicatriz tan poderosa que nunca más lo que te hagan te colocará debajo de los que te dañan. Y así sabrás que puedes llorar, enojarte, para después perdonar a fin de seguir con tu vida.

Las personas suelen quedarse en el pasado, en el dolor, ocupadas en señalar con el dedo el fracaso, el error. No dejes que esa amargura venga a ti, ponla a un costado y fortalécete en Dios. Si sabes mirar, verás a tu lado gente que te dará ánimo, que tendrá tu mismo espíritu, gente que a pesar de todo pudo seguir adelante. Y si ellos pudieron, tú también podrás. Mira tu mañana con una nueva visión. Y del día malo, no te acuerdes, no le prestes atención, dedícate a construir ese mañana, y mañana tendrás todo nuevamente, lo que perdiste o te quitaron. Mañana será mejor.

> Si tomamos a los hombres tal como son, los haremos peores de lo que son, pero si los tratamos como si fueran lo que deberían ser los llevaremos a donde nunca fueron.
>
> Goethe

Y así, lo que antes fue un dolor ahora es un don. Aquel abuso, aquella crisis afectiva, aquel maltrato, aquel intento de suicidio que tuviste, aquel llanto, hoy sanado será tu don para que ahora puedas ayudar a otros. Estás listo para decirle al que está atravesando tu misma situación: «Si yo lo superé, tú también lo vas a superar, lo vas a lograr.»

4. RECURSOS ESPIRITUALES

Existen personas que no tienen ganas de nada, como si hubieran castrado «la pasión», las ganas de vivir, de luchar por más. Ya no tienen ganas de prosperar, de viajar, de vestirse mejor, de crecer, de cambiar de casa, ni de conocer gente nueva. Han perdido las ganas, todas las ganas que antes tenían.

Es necesario restaurar esas ganas de vivir, esa pasión por levantarte cada mañana. Y para eso necesitas estar sano, haber curado esa herida, verla transformada en una cicatriz, una marca que te ayudará a saber que si la pasaste, si esa herida ya cerró, estás listo para avanzar. Esa herida, hoy cicatriz, es la prueba de la capacidad que tuviste para transformar toda situación difícil o dolorosa en una medalla de éxito, de triunfo, de ganancia.

Recuerda que cada etapa tiene su encanto y que puedes disfrutar de cada una de ellas. No es cierto que la adolescencia es la mejor etapa de la vida, tampoco la más conflictiva. Todas tienen sus cosas buenas; aprendamos a descubrirlas y a disfrutarlas. Proponte recuperar sabiamente las cosas que no has vivido en las etapas anteriores.

> El arte de vivir está en saber ver lo favorable.
>
> **Doménico Cieri Estrada**

Si no has jugado mucho en tu infancia, vuelve a jugar, recupéralo, tienes que poner tus ganas. Si no has tenido amistades, proponte revisar tu actitud frente a los demás y soñar, como dice aquella canción de Roberto Carlos, con «tener un millón de amigos». Si no has tenido sueños, vuelve a soñar, recupera esa pasión y conquista lo que aún no has alcanzado. Y sé sabio. ¿Cómo? Sigue creciendo, siempre.

La gente no te va a reconocer pero tú los vas a reconocer a ellos, porque los que pusieron un pie en tu vida estarán igual que antes, y tú vas a crecer. Y cuando te vean van a decir: «¡No puede ser! ¿Eres ese que antes lloraba por los rincones, el que tenía miles de heridas abiertas por todos lados?»

Todo aquello que piensas que no has tenido, Dios lo va a

poner en tu vida. Si sientes que te faltó un padre, pondrá otro padre sustituto que te va a dar lo que no recibiste; si fue una madre, pondrá a tu lado una mujer que te dé cariño de madre. Y cuando resurjan los pensamientos del pasado, esa herida que parece que se abre otra vez, estarás listo para decir: «Pensar que ese recuerdo antes me hacía llorar, pero ahora me hace reír.»

Ese recuerdo te encontrará sano y en paz.

2

TRANSFORMANDO «LOS DUELOS Y LAS PÉRDIDAS» EN UN HOMENAJE

1. ¿POR QUÉ A MÍ?

La muerte es un tema que nadie quisiera tocar, del que nadie desearía tener que hablar. Sin embargo, en algún momento de la vida todos tendremos que afrontar la pérdida de un ser querido.

Los seres humanos somos los únicos de la creación que sabemos que vamos a morir. No importan los *liftings* ni el gimnasio; a todos nos llegará la hora de morir. La muerte es igualitaria y universal para todos los seres humanos. Cuando vemos la muerte en televisión pensamos que le ocurre a otros, pero no a nosotros. Cuando nos toca, cuando estamos en peligro de muerte, nos decimos: «Yo nunca pensé que me podía pasar a mí», aunque sabemos que somos seres finitos. Y tal vez por eso mismo, la muerte es algo que siempre proyectamos y ponemos en el otro. Quizá por la angustia que muchas veces nos genera el tema de la muerte, en los velatorios suele haber quienes hacen chistes o bromas y quienes comen, porque hacerlo es una manera de decirnos que estamos con vida.

La muerte del otro nos recuerda nuestra propia finitud. Cuando lloramos a otro, también lloramos por nosotros mismos, porque sabemos que vamos a morir.

2. QUÉ NO HACER O DECIR FRENTE A LA PÉRDIDA DE UN SER QUERIDO

La muerte despierta dos grandes miedos: el miedo al cómo nos vamos a morir y el miedo al «después de la muerte».

Muchas personas dicen: «No tengo miedo a morir, pero me da miedo perder la lucidez, no quiero depender de otros, no quiero sufrir», porque todos tenemos miedo al cómo. Y también está el miedo al qué va a pasar después...

Pero, a pesar de los miedos y de las preguntas que nos planteemos, todos nos hemos encontrado, nos encontramos o nos vamos a encontrar frente al tema del dolor que produce la pérdida de un ser que amamos: un hijo, un hermano, un padre o una madre, un familiar, un amigo. Ahí nos encontramos con el desgarro de la muerte, una situación que nos enfrenta directamente con el dolor.

En medio de ese dolor, sentimos que nuestro corazón no da más, que está desmayando. Nos sentimos quebrados, angustiados, pareciera que nunca más podremos volver a sentirnos felices, que nunca más recuperaremos lo bueno que pasamos en aquellas épocas que podíamos compartir con quienes ya no están a nuestro lado.

Queremos encontrarle una respuesta a ese dolor, una explicación, pero nada nos tranquiliza, nada parece ser suficiente. En medio de un duelo, «no hay consuelo».

Al afrontar esa situación, algunas personas se dicen: «Bueno, tengo que tratar de no pensar, tengo que tratar de olvidarme.» Sin embargo, tenemos que hacer justamente todo lo contrario, permitirnos sentir y elaborar todos esos recuerdos de la persona que partió y que llevamos dentro.

Solo cuando podemos expresar el dolor,
cuando lo gastamos, cuando lo reconocemos,
es cuando el dolor va a sanarse.
Solo cuando lo atravesamos es cuando lo curamos.

Es razonable que al pasar por un duelo busquemos la compañía y el consuelo de otros. Sin embargo, las personas que nos rodean también sufren, quizá no tanto por el que no está sino por la persona que ha perdido a su ser querido, y tratando de decirnos algo que nos traiga alivio suelen aconsejar: «Piensa en otra cosa», «Dios se lo ha llevado», «No llores, ten fe», o «Va a pasar, ya verás». Y si les queremos contar algún recuerdo que viene a nuestra memoria, dicen: «Mejor hablemos de otra cosa, no te va a hacer bien», y una cantidad de frases similares, que muchas veces suelen entristecer más a la persona que está soltando su dolor. En la mayoría de los casos, acompañar en silencio al que está pasando por esa situación de dolor es mucho más beneficioso que hablar.

A través de los años he visto familias completas curarse, sanarse del dolor, solamente por reunirse todas las noches para llorar juntos, para poder hablar una o dos horas, para poder decirse lo que sienten.

> Lo que una vez disfrutamos, nunca lo perdemos. Todo lo que amamos profundamente se convierte en parte de nosotros mismos.
>
> Helen Keller

Es necesario conectarse con la gente correcta, de confianza, en un lugar donde podamos sentirnos cómodos, tranquilos, para gastar el dolor, para atravesarlo, para sanarlo.

Algunas personas, frente a la pérdida de un ser querido empiezan a pensar: «Yo estoy vivo, y tú no.» Entonces, generan en su interior un gran sentimiento de culpa, lo que se denomina «la culpa del sobreviviente»: ¿por qué has muerto tú y no yo? Especialmente cuando se trata de padres que lloran la pérdida de sus hijos, las personas que están atravesando este momento comienzan a lastimarse con culpas profundas.

Surgen ideas como: «A ti te mató la muerte, pero a mí me va a matar la culpa.» El sobreviviente piensa: «Yo estoy vivo, pero no estoy mejor que tú; si tú no mereciste la vida, yo tampoco merezco vivir.»

Un historiador muy conocido sostiene que durante años la religión llenó nuestra mente con culpa, convirtiéndonos así en personas que no podíamos disfrutar de lo bueno que teníamos por delante o de todo aquello que estábamos viviendo.

Es por eso que, frente a la muerte de una persona amada, solemos pensar que nosotros gozamos del privilegio de estar vivos, de poder seguir viviendo, y sentimos que le hemos quitado algo a la persona que partió.

> El dolor es, en sí mismo, una medicina.
>
> **William Cowper**

Estas emociones permanecerán durante un tiempo, el que sea necesario, hasta que podamos estar listos para comenzar de nuevo con nuestra vida, para volver a ocuparnos de nosotros y de aquello que dejamos por un tiempo en espera.

3. SOBREPONIÉNDONOS AL DOLOR PARA EMPEZAR DE NUEVO

La muerte arrebata al ser amado, pero nunca los recuerdos. El amor y los recuerdos son eternos. Dice un autor: «La muerte termina una vida, pero nunca una relación.» Y cuando una persona pierde a un ser querido, tiene que transformarse en historiador de esa persona que ha partido. Una forma de comenzar a elaborar ese dolor es pedir a las personas que lo conocieron que nos cuenten todo lo referente al ausente: sus anécdotas, cómo era, qué cosas le gustaba hacer, cuál era el rasgo más notorio que lo identificaba, qué prefería comer. Es decir, reunir la mayor cantidad de información posible sobre el ser que tanto amamos.

¿Has jugado alguna vez al caleidoscopio?

Recuerdo que, cuando estaba en el colegio, solía jugar con ese cilindro con espejitos en su interior. Al girarlo y mirarlo a la luz, se iban creando distintas formas.

Cuando recolectamos o reunimos la historia de la persona que ha partido, vamos viendo que cada uno de los seres que lo conocieron, que formaron parte de su vida, cuenta su historia de una determinada manera. Cada uno le da una forma distinta y la va recreando de una manera nueva, diferente. Porque cada historia lleva consigo una emoción; al contarla no solo decimos palabras

> **No se recuerdan los días, se recuerdan los momentos.**
>
> **Cesare Pavese**

sino que todos nuestros sentimientos están puestos de manifiesto en el relato que nos acerca a esa vida que estamos recordando.

La muerte termina con la persona, pero nunca termina con la relación que hemos tenido con ella ni con la huella que ha dejado en nosotros. Por eso necesitamos conservar un álbum con los recuerdos que nos ligaron a esa persona.

¿Cómo hacer para borrar de nuestra mente ese momento, esas imágenes que se repiten una y otra vez?

En una ocasión, recibí una carta de una persona que había perdido a un ser querido y que no podía borrar de su mente la imagen del momento en que tuvo que reconocer que esa persona fallecida era su madre.

Pareciera ser que los recuerdos feos quedan grabados en nuestra mente, marcados a fuego, regresan una y otra vez para causarnos más dolor del que ya tenemos.

La mayoría de los seres humanos tienen algún recuerdo triste o muy profundo de dolor, que viene a su vida reiteradamente sin pedir permiso, que parece haber decidido quedarse a vivir en su interior. El hecho es que cuando una persona tiene un recuerdo triste, el cerebro comienza a generar sustancias que hacen que ese recuerdo quede marcado a fuego. Y cuando una persona tiene un recuerdo triste, que queda marcado, a este le sigue otro recuerdo triste, y luego otro, y otro, y así verá su propia vida llena de dolor y de momentos que ya no quisiera volver a recordar más, los cuales afirmarán que toda su vida ha sido un calvario.

Con los recuerdos agradables, con los buenos momentos, no sucede lo mismo. Ellos quedan marcados en nuestra mente, pero no se repiten intensamente, somos nosotros mismos quienes decidimos traerlos a nuestro presente. El hecho es que el cerebro en estos casos no genera tantas sustancias como necesita para asimilar los recuerdos tristes o dolorosos.

Teniendo en cuenta el dolor y la causa que dificulta elaborar un duelo, escribí a esta persona que me había enviado la carta y le propuse hacer un ejercicio:

—Cada vez que ese recuerdo triste que quedó marcado en tu memoria regrese, quiero que pienses en un recuerdo agradable, que hagas un esfuerzo desde la voluntad y recuerdes algo agradable.
—Cuando mi madre me abrazaba —respondió.

Entonces le sugerí hacer la segunda parte del ejercicio:

—Cada vez que ese recuerdo triste, marcado a fuego, venga a tu mente, sin negarlo, recuerda también cuando tu madre te abrazaba.

¿Qué significa esto? Que a cada dolor, a cada tristeza, necesitamos añadirle una foto agradable, un recuerdo feliz. Esto no quiere decir que debamos negar el dolor ni repetirnos: «No me tengo que acordar, no me tengo que acordar más», sino que nos permitamos el dolor, el recuerdo triste. Pero a ese momento que vuelve a la mente, a esa visión que recordamos una y otra vez, podemos agregarle la foto de aquel momento feliz que pasamos con esa persona que hoy ya no está, podemos sumarle ese recuerdo alegre.

> **Un buen momento es sentirse feliz de nuevo.**
>
> **Gabriela Mistral**

Frente a esos recuerdos tristes que sentimos que nos aprisionan, que nunca van a dejar de doler, tratamos de enmarcarlos. ¿Qué significa «enmarcar» el recuerdo triste? Es buscar algo bueno que dije, hice o pensé en medio del momento difícil, o después de ese momento difícil. Cuando lo encuentre, ese será el marco que le pondré a ese recuerdo. No significa negar el recuerdo triste, no significa: «No voy a pensar», sino «Voy a pensar en ese recuerdo triste, pero también voy a ver ser capaz de ver algo bueno en medio de ese momento tan difícil».

Es también frecuente que ante la muerte por una enfermedad que la ciencia aún no ha logrado curar, surja la pregunta: ¿por qué murió él? ¿Por qué no yo?

En una oportunidad, una abuela me envió un correo electrónico para pedirme ayuda en esta situación:

> *Mi nieta de cinco años falleció hace un mes de cáncer, me siento desconsolada, era todo lo hermoso que como abuela se puede sentir... hoy que no la tengo lloro mucho y la extraño mucho más. ¿Qué consejo me daría?*

Mi respuesta fue:

> *Estás pasando por un proceso de duelo, permítete expresar el dolor, recuérdala en tu mente con los mejores recuerdos. El dolor es un momento que atravesamos para unirnos con los seres humanos que amamos, para hablar, para compartir tiempo y para darnos permiso para poder estar mal.*

Una investigación acerca de personas que habían perdido seres queridos, que habían sufrido experiencias tristes, a través de sus respuestas reveló que su vida había dado un giro de 180 grados. Estas personas comenzaron a comunicarse mucho más a menudo con los seres que amaban y a apreciar las cosas más importantes de la vida.

A todos los que pasaron por una pérdida fuerte dejó de importarles la opinión de los demás. Después de ver partir a alguien, o de haber pasado por algo grave, ¡qué importa lo que dicen los demás! En esa nueva etapa de la vida, después de atravesar un proceso de dolor tan intenso, las personas se animan a arriesgarse mucho más: se dan cuenta de que uno se arrepiente más por aquello que no hizo que por lo que hizo.

Ahora te animo a realizar algunos de estos ejercicios que te ayudarán a atravesar este período de duelo, sabiendo que el dolor no desaparece de un día para el otro, ni solo por hacer un ejercicio, sino que es un camino hacia la restauración y la sanidad de nuestras emociones.

4. EJERCICIOS QUE SANAN

Ejercicio 1: El álbum de los recuerdos

Te propongo hacer este ejercicio: haz un álbum de recuerdos que te traigan felicidad, de momentos placenteros, de disfrute, que hayas compartido con esa persona que hoy ya no está.

Es necesario que aprendas una nueva manera de relacionarte con la persona que ha partido. Esta persona, este amigo, este hermano, ya no está de la manera en que quieres que esté, nunca más vas a poder tocarlo y mirarlo, pero va a estar siempre dentro de ti. Va a estar en tus recuerdos. Conserva este álbum y míralo cuando quieras recordar a ese ser querido.

> Si no está en tus manos cambiar una situación que te produce dolor, siempre podrás escoger la actitud con la que afrontes ese sufrimiento.
>
> **Viktor Frankl**

Ejercicio 2: Hacer un homenaje

Lo mejor que puedes hacer en días de dolor y duelo es rendir un homenaje, hacer algo que honre la memoria de quienes han partido.

Si la persona fallecida es tu hijo, busca un hijo, otro chico de la misma edad que tenía ese hijo, y siembra en él una bendición, un acto de amor, lo que esté necesitando esa persona. De esta forma, estarás bendiciendo a alguien y honrando la memoria de ese hijo tuyo que ha partido.

Honremos la memoria de los que partieron.

En una ocasión asistí a una mujer que había pasado por la muerte de su hijo. Esta madre había entrado en una depresión tan profunda que no quería trabajar, no quería hacer nada. Por lo cual, le dije: «Tu hijo ahora está dentro de ti, no está más en el afuera; pero Dios te ha dado el regalo de llevar dentro su imagen, y esa imagen te va a fortalecer, te va a acompañar toda la vida hasta que vuelvas a encontrarte con él. Ahora que tu hijo se ha ido al cielo le tienes que sacar una sonrisa, hacer algo que honre su memoria.» Ella me respondió: «Mi hijo siempre quiso ayudar a la gente pobre.»

Con el tiempo esta madre comenzó a estudiar, se puso a trabajar, a ganar dinero y a ayudar a los niños pobres. No solamente salió de la depresión, sino que empezó a bendecir a los demás y terminó levantando una honra a la persona que partió.

Un hombre tenía varios globos de colores, los iba soltando y volaban. Le quedaba uno verde, uno blanco y uno rojo. Una niña se le acercó y le preguntó:

—Señor, si suelta el globo rojo, ¿va a volar?

—*Sí.*

—*Y el blanco, ¿si lo suelta va a volar?*

—*Sí, porque no es el color sino lo que tienen dentro lo que los hace volar.*

Hacer un homenaje es un acto que significa seguir con la vida, es ser la bendición de otros, es honrar la memoria de nuestro ser querido haciendo una acción solidaria para otras personas que lo necesitan.

*Duelo es aceptar que esa persona no está más
en el afuera, hecho que nos causa un profundo dolor,
pero siempre estará dentro de nosotros.*

Recordemos que:

*La muerte acaba con la persona, pero nunca
con la relación que hemos tenido con la persona.*

Necesitamos aprender una nueva manera de conectarnos con esos recuerdos que siempre estarán dentro de nuestro corazón. Permitirnos esos recuerdos es lo que nos sana. Si alguien cercano a ti está pasando por una situación de duelo, de dolor, poder acercarle estos ejercicios o sugerirle que en alguna oportunidad intente hacerlos le serán de gran bendición y de paz para su vida.

No se trata de no sufrir, sino de que el dolor sea un camino. No es un pozo, es un camino a recorrer. Y mientras lo transitamos honremos la memoria de quienes partieron antes que nosotros. En ese recorrido que comencemos, aparecerán y volverán momentos hermosos, extraordinarios.

La vida te dará una nueva oportunidad, un tiempo agradable al cual puedas aferrarte en las situaciones difíciles. Habrá nuevos momentos inolvidables, vas a poder almacenar nuevos recuerdos de alegría y llegará un momento especial en el que tu Creador te va a tomar de la mano, irrumpirá en tu corazón, en tu alma, y comenzará a sanar aquello que parecía imposible que pudiera dejar de doler. No puedo decirte en qué momento de todo el proceso de dolor esto va a suceder, pero sé que en un momento vas a recuperar la alegría. Volverás a tener momentos inolvidables que se fijarán en tu recuerdo y te ayudarán a ponerte nuevamente de pie, a recobrar las fuerzas, a volver a soñar.

Hay en la naturaleza un fenómeno muy interesante que se llama *nurse log,* por el cual, cuando los árboles viejos caen en la tierra y se van deshaciendo, los otros árboles, como si lo supiesen, comienzan a soltar las semillas; estas empiezan a caer sobre el tronco viejo, que está muerto, y germinan. Sus raíces se mezclan con las del árbol y empieza a crecer una nueva generación de árboles, con la fuerza del árbol con el que se han entrelazado.

Es una imagen extraordinaria. Todos los que han partido antes que nosotros, ahora son la plataforma, el piso desde el cual nosotros podemos crecer con más fuerza, no para deprimirnos, sino para tomar esa fuerza, esa savia y decir: «Has partido antes, pero yo no me voy a hundir, ahora voy a tomar más fuerza, voy a seguir adelante, voy a soñar cosas grandes, voy a honrar tu memoria y voy a vivir los mejores años de mi vida.» ¿No es eso extraordinario?

> Debemos vivir y trabajar en cada momento como si tuviésemos la eternidad ante nosotros.
>
> Gabriel Marcel

En 1949 el agente secreto de Estados Unidos Douglas Mackiernan tuvo que cruzar el Himalaya, durante ocho meses, para salvarse. Recibió una instrucción que tenía que seguir al pie de la letra: avanzar sobre las piedras que encontrara en el camino. El hombre salió con toda su gente, atravesaron el Himalaya, viajaron y regresaron a Estados Unidos.

Cuando este agente llegó con su equipo a su país, preguntó:

—¿Por qué teníamos que seguir las piedras del camino?

Entonces le explicaron algo que lo sorprendió: cada piedra señalaba el lugar donde alguien había muerto. Cuando moría una persona que intentaba cruzar, se ponía una piedra en su honor y esas piedras terminaron siendo el camino.

5. PREGUNTAS FRECUENTES

- **¿Cómo se siente una persona si un familiar se ha quitado la vida?**

Nadie quiere matarse sino matar una situación que lo aqueja. Es muy importante tener esto claro. Hay un mito muy extendido: «Si lo dice, no lo va a hacer.» Sin embargo, no es así. Siempre tenemos que considerar la verbalización del suicidio como algo real. ¡Siempre! Especialmente cuando hay depresión, cuando hay un estrechamiento de la vida social (la persona deja de salir, no le interesan las amistades, se aísla, etc.).

Tanto los casos de suicidio como las muertes por accidente generan mucha culpa en las personas que siguen vivas en el entorno del fallecido. Es la ya mencionada «culpa del sobreviviente». Sienten que podrían haber hecho algo para evitarlo.

Tengamos en cuenta que la culpa es un sentimiento, no una emoción: la diferencia radica en que la emoción es más consciente pero el sentimiento es inconsciente, se instala en la persona sin que ella pueda darse cuenta, por lo que dura así mucho más tiempo.

- **¿Cómo se puede aliviar el dolor?**

Cada vez que podemos transformar el dolor en un don para ayudar a los demás encontramos la manera de darle un sentido: ese dolor se convierte en una forma de bendecir a otras personas. Y entonces, podemos decir: «Lo que me ayudó es hacer del dolor una causa para ayudar a otros.»

- **¿Es posible no temer a la muerte?**

A muchas personas les causa miedo pensar que algún día van a morir. En lugar de pensar en el día de su muerte, les invito a pensar cómo van a vivir hasta ese momento. La muerte puede servirnos para reflexionar cómo estamos viviendo cada día. Es triste recostar la cabeza en la almohada cada noche y tener el espíritu vacío. Está comprobado que la gente más feliz no es la que compra más cosas sino la que obtiene más experiencias, la que invierte en las cosas que realmente valen la pena para enriquecer su mundo interior. No pensemos en el día de la muerte, sino en que estamos vivos y la vida es maravillosa.

- **¿Qué sentido tiene ahora la vida?**

Una madre me dijo una vez: «Me parece que la vida no tiene sentido sin mi hijo, vivo reprochándome todo lo que hice y lo que no hice también, siento que no hice lo suficiente.»

El autorreproche es la rabia contra uno mismo, por qué hice esto o no hice aquello, por qué me pasó esto a mí. La rabia es parte del proceso de duelo y tenemos que expresarla. Podemos enojarnos con nosotros mismos, con el mundo, incluso con Dios. Lo importante es darnos ese permiso sin transformar la rabia en agresión hacia nosotros mismos ni hacia los demás.

Todo dolor tiene escondido en sí mismo una bendición, y allí podemos encontrar sentido a nuestra vida. Como ya dijimos, algo pequeño que hagamos por otro puede ser una gran bendición, no solo para la otra persona sino también para ayudarnos a nosotros a sanar nuestra emoción. Esas pequeñas acciones contienen grandes bendiciones.

La Biblia nos cuenta que unos cobradores de impuestos le reclamaron a Pedro, el pescador, que pagara un impuesto que debía al templo. A pesar de que no le correspondía pagar ese impuesto, Jesús le dijo: «Ve al mar y echa el anzuelo. Cuando saques un pez, al abrirle la boca, hallarás una moneda. Tómala y dásela a este hombre, por mí y por ti.»

Y así fue. Pedro sacó un pez y dentro de él estaba la moneda que pagaba por los dos. El relato nos cuenta que un pez común y corriente tenía escondido en su interior una doble paga, una doble bendición. ¿Qué podemos aprender de él? Que las pequeñas acciones, aquello que parece pequeño al ojo humano, tiene escondidas grandes bendiciones de Dios.

Cuentan que, en una oportunidad, un avión británico cruzó el espacio aéreo para atacar a la Alemania nazi. Fue interceptado y le dispararon gran cantidad de proyec-

tiles. Sin embargo, no explotó; el piloto y el copiloto regresaron sanos y salvos. El avión volvió a Gran Bretaña. Al revisarlo, con gran sorpresa, se descubrieron en el tanque de combustible cinco balas. Cuando las abrieron para tratar de entender por qué no habían explotado, comprobaron que no tenían pólvora. En una de las balas encontraron un papel que decía: «Somos prisioneros polacos, nos obligan a trabajar en la fábrica de municiones y cuando se distraen armamos balas sin pólvora. Díganle a nuestra gente que estamos bien.»

Esta anécdota también nos permite ver el enorme valor que puede tener una pequeña acción:

Un forastero llegó un día a un pueblo. Nadie quiso recibir al desconocido hasta que una mujer le ofreció algo para comer y un vaso de leche. Pasaron los años y esa mujer enfermó del corazón. En un hospital la operaron y salió todo bien. La mujer no tenía dinero ni un seguro que se hiciera cargo del coste de la intervención. Pero al recibir la factura, leyó: «La operación ha sido un éxito, felicitaciones. El coste ya fue pagado, hace veintidós años, con un plato de comida y un vaso de leche.»

Unas balas vacías, un vaso de leche, salvaron vidas. Una pequeña acción puede bendecir a alguien. Una sonrisa, un abrazo, puede tener escondida una moneda que Dios puso allí para sanar ese dolor por el que hoy estás pasando y que a la vez te sostendrá tanto, que cuando menos lo pienses serás tú quien esté dando consuelo a otra persona que ahora lo necesita, como tú lo necesitaste en algún momento.

Lo que necesitamos para el viaje de la vida
es una caña de pescar, para acercar a nosotros
a las mejores personas, que nos traerán
las mejores bendiciones.

6. RECURSOS ESPIRITUALES

Todos los que han partido antes que nosotros son piedras en el camino que nos están guiando, nos están dirigiendo, nos están bendiciendo. Cuando ya pensabas que nunca más volverías a reír, que nunca más serías feliz otra vez, cuando pensabas que la vida te había jugado una mala pasada y te había hecho jaque mate, vas a poder decirle: «No es jaque mate, solo es jaque, porque hoy agoté mi dolor, lo lloré, lo puse en palabras, lo sentí en todo mi ser, y volví a renacer, a creer.»

Es uno mismo el que le dice a la vida: «Jaque mate.» Yo soy el último en jugar, porque sabemos que después de un gran dolor siempre habrá un espacio nuevo para pisar, una ventana, una puerta que se va a abrir, una persona que llegará a nuestra vida y que hará que aquello que parecía interminable, ese momento de dolor, tal vez, el más difícil de todos, se haya convertido en un recuerdo que ya no duele.

En algún momento de la vida, todos nos vamos a ir, pero recuerda: ¡no es jaque mate! La partida sigue todavía. Y la próxima jugada que te toca a ti. ¡Va a ser maravillosa!

3

TRANSFORMANDO «EL RECUERDO QUE NOS HIZO LLORAR» EN PAZ INTERIOR

1. ¡TODO EL TIEMPO ESTÁ LLORANDO!

En una ocasión me contaba una joven que siempre lloraba por todo, y que su abuela le decía: «Si sigues llorando vas a necesitar el agua de un océano para ti sola.» Se calcula que las mujeres no lloran menos de treinta veces por año, mientras que los hombres lo hacen seis veces por año; y hasta los cuatro años los chicos lloran aproximadamente cuatrocientas veces por año. Ahora bien, ¿quién dijo que los hombres no pueden o no deben llorar, porque llorar es de mujeres?

Esta es una fortaleza cultural que ha llevado a que el hombre esconda sus emociones en lugar de expresar lo que en realidad siente. El llanto es también una forma de comunicarnos con el otro y de poder decir cómo nos sentimos o qué estamos viviendo en cierto momento.

> A las mujeres les está bien llorar. A los hombres, recordar.
>
> **Tácito**

Para muchas personas, el llanto tiene que ver con un sistema de comunicación, es la primera forma de comunicarse que tiene el ser humano.

Cuando un bebé llega al mundo «llora», muestra sus primeros signos de vida a través del llanto y sigue dependiendo de él para alimentarse o para manifestar alguna necesidad.

Sin embargo, la comunicación a través del llanto no puede perdurar en el tiempo, es solo para una etapa de la vida, ya que no podemos perpetuarlo. El llanto no puede ser la única manera de expresar emociones. Las personas que lloran casi por cualquier cosa son hipersensibles, y a veces podríamos decir que un poco infantiles.

No está mal llorar en momentos de angustia, para descargarse de un disgusto, de una injusticia, de un dolor emocional o físico. Pero existen también tres aspectos por los cuales el llanto se expresa de una manera negativa o patológica. Veamos:

1. **El llanto manipulador.** Las famosas «lágrima de cocodrilo», que se utilizan para victimizarse y obtener ventajas.
2. **El llanto religioso.** En la Edad Media se enseñaba que cuanto más lloraba una persona, más cerca de Dios podía estar. Es decir, el dolor, el sufrimiento y el llanto estaban asociados a la espiritualidad.
3. **El llanto cultural.** La cultura enseña que los hombres no pueden llorar, es algo que solo está admitido en las mujeres.

Hay gente a la que le cuesta expresar lo que le sucede en el plano afectivo, presentan un bloqueo no solamente en el llanto sino en todas las gamas emocionales, mientras que otros sienten que la rabia los desborda, rompen en llanto, y los que están a su lado se preguntan: «¿Pero qué le pasó, si estaba bien?» Y la realidad es que no estaba bien, estaba «soportando» la rabia contenida, esforzándose por no llorar hasta que pudo expresar lo que le estaba pasando. Si llegamos a tal estado de sensibilidad, es aconsejable pedir ayuda a un amigo, a un mentor, a un terapeuta

> No hay mayor causa de llanto que no poder llorar.
>
> Lucio Anneo Séneca

que pueda guiarnos, sugerirnos alguna actividad o ejercicio que nos permita dejar salir aquello que por mucho tiempo nos ha estado lastimando.

2. EJERCICIOS QUE SANAN

Ejercicio: La silla vacía

En este punto te propongo un ejercicio que te permitirá expresar a solas tus emociones.

Siéntate en una habitación, a solas, con una silla delante, imaginando que allí enfrente está sentada la persona que ha causado tu dolor, tu rabia y tu frustración, o bien la persona que extrañas.

Y háblale con libertad, permítete expresar todo lo que sientes.

Técnica de la silla vacía

Llorar es terapéutico, descarga tensiones y alivia.

¿Cuándo solemos llorar?

• *Cuando perdemos a un ser querido, cuando estamos afrontando un duelo.* Este llanto es sanador. Cuando hay una pérdida, necesitamos llorar. El duelo es parte de la vida, es energía, es dolor que hay que gastar. ¿Cuánto tiempo hay que llorar? El que sea necesario. Eso es lo bueno, que podemos estar cerca de Dios y llorar. Llorar no implica no ser una persona de fe ni ser una persona que no cree en Dios.

• *Cuando estamos dejando atrás una etapa de nuestra vida, cuando cumplimos un ciclo y comenzamos uno nuevo, diferente; frente al cambio las personas suelen llorar.* Por ejemplo, lloramos frente a las etapas concluidas, la escuela primaria, la despedida de los compañeros y amigos de la secundaria; cuando nos casamos, cuando tenemos un hijo. El llanto suele manifestar la incertidumbre, la ilusión, las ganas que nos despierta una etapa nueva, un nuevo tiempo que está anunciando un cambio.

• Cuando descubrimos algo nuevo de nosotros mismos, una faceta propia que no conocíamos. Frente a un nuevo logro, a un reto, a un éxito, también podemos manifestar nuestra emoción a través del llanto. Este llanto descarga la tensión acumulada y de alguna forma es terapéutico.

Muchas veces el llanto es una demostración de que aún hay un tema sin resolver o una herida abierta. Involuntariamente aparece en el momento menos pensado, como indicio de que hay algo que tiene que ser sanado y restaurado.

En otros casos, las personas sienten deseos de llorar sin un motivo aparente, podemos decir que están angustiadas. De esta forma, le damos a la angustia el significado de ser una expresión subjetiva de la ansiedad, es decir, la ansiedad está acompañada de síntomas físicos. Es muy importante darse permiso para expresar esa angustia y poder así identificar su origen.

> **El llanto es a veces el modo de expresar las cosas que no pueden decirse con palabras.**
>
> **Concepción Arenal**

Cuando la tristeza es continua, cuando las personas parecen vivir en un estado de permanente tristeza, se la llama melancolía.

Todas las emociones que se guardan, que se encapsulan sin ser sanadas terminarán enfermando nuestro cuerpo.

Por todo esto, recordemos que el llanto forma parte de nuestra vida. Es una herramienta que tenemos para recuperarnos.

- **Una amiga tiene un problema familiar y no me animo a hablarlo con ella porque cada vez que lo hago, llora. ¿Será cuestión de tiempo?**

Cuando un problema está sanado, se lo puede recordar sin tristeza, sin llanto. Pero cuando tocamos temas sensibles y se genera el llanto o la tristeza, eso significa que el tema todavía se está procesando, que el conflicto no está resuelto.

No importa cuánto tiempo haya pasado; para la mente, para el inconsciente, no hay tiempo. Un hecho doloroso sucedido hace cuarenta y cinco años, puede recordarse de una manera intensa en el presente.

- **Lloro después de tener sexo, ¿qué me pasa?**

Ese llanto es absolutamente normal, es la descarga del sistema nervioso autónomo y una descarga instintiva, por lo tanto, ¡no hay que preocuparse! Tal vez nuestro compañero sienta o piense que nos ha lastimado o que no ha funcionado bien. Sin embargo, el llanto en estos casos es solo una descarga de nuestro organismo.

- **Tengo ganas de llorar y no sé por qué, ¿qué puedo hacer?**

Es muy importante darte permiso para expresar esa angustia y tratar de identificar de dónde viene, si solo es una forma de expresarse o de comunicarse, o una manera infantil de llamar la atención. Necesitamos crecer para poder manejarnos en otro plano, y si realmente en ese llanto hay emociones escondidas que aún no han sido sanadas,

> Las lágrimas derramadas son amargas, pero más amargas son las que no se derraman.
>
> **Proverbio irlandés**

necesitamos profundizar para reconocer qué es lo que nos impide reírnos en lugar de llorar.

- **Siempre que lloro, mi madre se enfurece, como si me odiara, ¿tengo que evitar el llanto?**

Hay familias donde determinadas emociones están prohibidas: el llanto, la ternura, el abrazo, la tristeza. Hay que identificarlas y darse permiso para mostrarlas, porque todas las emociones que guardamos, las encapsulamos, y en algún momento se convertirán en una amargura mayor que, además, puede enfermar nuestro cuerpo.

- **Mi padre está en otro país. ¿Por qué cuando me acuerdo de él, o escucho cualquier canción que me recuerda el lugar donde vive, me dan ganas de llorar?**

Este llanto es absolutamente normal, es la tristeza por el deseo de estar nuevamente con tu padre. ¡Date permiso! Como es lógico, el recuerdo puede estar acompañado de un poco de tristeza por la lejanía del ser querido. Cuando no podemos ver ni abrazar a las personas que amamos, es normal que expresemos nuestras emociones a través del llanto.

Lo que nos trae paz es saber que después del llanto viene el sí: el sí al viaje que tuviste que posponer una y otra vez, al negocio que todavía no se llevó a cabo, a todo lo que estabas esperando... Porque cuando has sembrado con lágrimas y con esfuerzo, recogerás lo que estabas esperando con alegría, con disfrute, y tendrás en tus manos todo aquello por lo que has estado luchando.

4. RECURSOS ESPIRITUALES

El llanto es parte de la vida, como se refleja en los numerosos dichos que aluden a él: «Llorar sobre la leche derramada»; «Soy un mar de lágrimas»; «Los hombres no lloran». Ante un hecho difícil, una circunstancia de dolor, lo primero que tenemos que hacer es llorar, gastar nuestras emociones, dejar que todo el dolor salga junto con toda la rabia. Pero una vez que lo hacemos, no podemos quedarnos detenidos en ese momento. Necesitamos que ese dolor, ese llanto, esa queja, se transformen, porque de otro modo serían una preocupación más. Tenemos que buscar, pedir aquello que necesitamos, arrebatar lo que nos falta, para poder terminar esa etapa de lamento. Cuando el llanto se va, comienza la etapa del enojo, de la furia, de no aceptar ni permitir que esto que trajo tanto dolor y llanto, nos siga perturbando, quitándonos los mejores días de nuestra vida.

Si antes nos preocupábamos por cosas que realmente no tienen sentido, en nuestro hoy seamos sabios para vivir inteligentemente.

¡Naciste para vivir cosas grandes! Ahora busca la persona, el contacto, la relación, que traiga el favor, el beneficio, la respuesta que estabas esperando. ¿Sabes qué es el favor?

- Favor es recibir lo que pides.
- Favor es que te abran una puerta.
- Favor es aquello especial que hace que te elijan a ti entre miles.
- Favor es que te digan: «No sé por qué, pero yo elijo darte esto a ti.»

La respuesta a lo que sembraste en otro tiempo llegará a tu vida. Es una ley que se cumple siempre.

Y recuerda que en medio del dolor, del llanto, vas a descubrir cosas de ti mismo, capacidades y fortalezas que te sorprenderán. Si por la noche lloras, al despertar encontrarás en tu interior las fuerzas para comenzar a disfrutar nuevamente de un día espectacular.

4

TRANSFORMANDO «LOS RECUERDOS DOLOROSOS» EN UN DON PARA AYUDAR A OTROS

1. TODO ME PASA A MÍ

Frente a un gran dolor, a una muerte, a un accidente, se genera dentro de la persona un sufrimiento, un dolor. Y solamente el que sufre sabe lo que es ese dolor, aunque haya otras personas que han pasado por su misma situación o han sentido algo similar.

Ese dolor nos hace atravesar diversas emociones: la rabia que nos genera el hecho de tener que estar atravesando ese momento, esa situación, junto con los cientos de preguntas que nos hacemos frente a él por tristeza, por negación (por qué a mí, por qué Dios no intervino). Frente a una desgracia el sufrimiento es explicable, ya que nos ha sucedido algo muy fuerte, que ha golpeado nuestra vida.

> No hay razón para buscar el sufrimiento, pero si este llega y trata de meterse en tu vida, no temas; míralo a la cara y con la frente bien levantada.
>
> **Friedrich Nietzsche**

Sin embargo, si bien este sufrimiento es real y es normal generar estas emociones frente a un hecho doloroso, hay personas que sufren por sufrir. Si realmente nos ponemos a pensar, la gran mayoría de nuestros sufrimientos son inútiles: se deben a que nos adelantamos a hechos que nunca suceden o bien sufrimos por causas o circunstancias que en absoluto lo justifican. Pero así es la vida, hay personas que no tienen grandes problemas y que, sin embargo, sufren por todo.

Detengámonos en este punto y veamos a qué me refiero al decir que hay sufrimientos que realmente no merecen la pena.

1. Sufrimos inútilmente cuando nos preocupamos por «el otro» más de lo que «él» se preocupa por sí mismo

Cuando te preocupas, te enredas en el dolor del otro. Por ejemplo, te cuentan algo que pasó, una injusticia, y quieres hacer algo por esa persona mientras que ella no hace nada por sí misma ni por resolver ese problema. Es el tipo de persona que delega el problema en el otro para que le arregle la vida. Te dice: «Aquí está mi dolor» y tú te haces cargo, sueñas con el problema, piensas todo el día en cómo ayudar, sientes esa carga como una obligación, sin darte cuenta de que la persona solo pretende que nos hagamos cargo de su vida.

Sufrimos inútilmente cuando «remamos más de lo que el otro rema». No te preocupes más de lo que el otro se está preocupando, ¡no pierdas tu energía!

2. Sufrimos inútilmente cuando nos angustiamos por lo que les sucede a los demás

Hay gente que enciende la televisión y llora, ve las noticias y llora, mira las series y llora. Pero la persona que está sufriendo no necesita nuestro sufrimiento, no necesita que tú sufras con ella. Lo que espera es tu compasión, tu presencia, tu escucha, una palabra de sabiduría. Porque si los dos sufren, tú no estarás en condiciones de poder ayudar.

> Cualquiera puede dominar un sufrimiento, excepto el que lo siente.
>
> **William Shakespeare**

La persona que está atravesando por un dolor no necesita de tu dolor, de tu sufrimiento, ¡le basta y sobra con el propio!

En cambio, necesita una palabra de consejo, de sabiduría, de fe.

3. Sufrimos inútilmente cuando nos torturamos por nuestros errores

Nos decimos: «¡Qué barbaridad!», «¿Qué he hecho?», «¿Cómo he podido hacer eso?». Todos nos equivocamos y tenemos que aprender de nuestros errores, pero cuando nos empezamos a torturar por el error que hemos cometido, sufrimos inútilmente.

Frente al error que te ha causado ese dolor, aprende de él, olvida los detalles y sigue adelante, ¡no te tortures más! Perdónate a ti mismo y no sufras inútilmente.

Cuenta una historia que un hombre transportaba agua en dos grandes vasijas colgadas a los extremos de un palo que llevaba sobre los hombros. Una de las vasijas era perfecta y conservaba toda el agua al final del largo camino que tenía que recorrer a pie, desde el arroyo hasta la casa de su patrón; pero la otra tenía varias grietas, y cuando llegaba solo tenía la mitad del agua. Desde lue-

go, la vasija perfecta estaba muy orgullosa de sus logros, pues se sabía perfecta. Pero la pobre vasija agrietada estaba muy avergonzada de su propia imperfección y se sentía miserable porque solo podía hacer la mitad de su trabajo.

Transcurridos dos años, la tinaja quebrada dijo al aguador: «Estoy avergonzada y me quiero disculpar contigo porque debido a mis grietas solo puedes entregar la mitad de mi carga y únicamente obtienes la mitad del valor que deberías recibir.»

El aguador, apesadumbrado, le respondió compasivo: «Cuando regresemos a casa quiero que te fijes en las bellísimas flores que crecen a lo largo del camino.» Así lo hizo la tinaja, y vio muchas flores hermosas a lo largo del trayecto, pero de todos modos se sentía apenada porque al final solo quedaba dentro de sí la mitad del agua que debía llevar.

El aguador le dijo entonces: «¿Te has dado cuenta de que las flores solo crecen en tu lado del camino? Siempre he sabido de tus grietas y quise ver su lado positivo. Sembré semillas de flores a lo largo del camino por donde vas, las regué todos los días y con esas flores he decorado el altar de Dios. Si no fueras exactamente como eres, con todos tus defectos, no hubiera sido posible crear esta belleza para Dios.

Nuestras grietas, nuestros sufrimientos, la mayoría de las veces parecen no tener sentido. Tal vez pienses: «¿A quién puede ayudar una persona como yo, que está sufriendo, luchando cada día para sobreponer-

> **Una experiencia nunca es un fracaso, pues siempre viene a demostrar algo.**
>
> **Thomas Alva Edison**

se a sus penas?» Sin embargo, la experiencia te hará ser mucho más fuerte de lo que tú piensas que eres, y tu valentía por salir adelante servirá de inspiración y de camino para otros que están en esa misma búsqueda.

4. Sufrimos inútilmente cuando no hacemos nada para salir del sufrimiento

Frente a un determinado sufrimiento, como por ejemplo la soledad, tenemos que preguntarnos qué es lo que estamos haciendo para dejar de sentirnos de esa manera. Hagamos algo y dejemos a un lado el sufrimiento.

Si hay algo que te trae dolor, haz algo para vencerlo, superarlo y aplastarlo, no te quedes quieto. Si te sientes infeliz, haz algo para ser feliz. Si tienes depresión, ¡haz algo!

5. Sufrimos inútilmente cuando no le encontramos sentido al sufrimiento

¿Estás sufriendo por un hecho real, por una dificultad, porque te han despedido del trabajo, porque ha pasado algo inesperado? Tienes que buscarle sentido a ese sufrimiento.

¿Te acuerdas de aquella circunstancia, de aquel momento difícil del cual pensabas que no podrías salir? Y sin embargo, después de un período de sufrimiento has vuelto a ordenar las prioridades en tu vida de otra manera. Seguramente te has dado cuenta de que te preocupabas por cosas vanas pero a raíz de lo que te ha sucedido, ahora te preocupan solo las cosas importantes de la vida.

El sufrimiento nos tiene que llevar a algo, tiene que tener un sentido y nosotros debemos descubrirlo.

Personas que han sufrido accidentes, que han perdido

familiares de repente sin una causa, han podido sobreponerse a ese dolor y le han encontrado un sentido.

No sufras por cosas inexplicables, tal vez después del dolor puedas ver más allá de las circunstancias y puedas ayudar a otros con tu experiencia.

6. Sufrimos inútilmente cuando invertimos más tiempo del que la situación requiere

¿Alguna vez has pensado en una determinada situación más de la cuenta, le has dado vueltas al tema, lo has analizado una y otra vez? Seguramente, ¡sí! Y es en estos casos, cuando tienes que decir: «¡Basta! Me sucedió esta desgracia, voy a llorarla, a pensarla, pero hasta ahí.»

Tiene que llegar el momento de plantarse con firmeza, de lo contrario, no podrás pasar a recibir todo lo bueno que hay por delante.

Quedarte a llorar en el dolor nunca te traerá ningún beneficio.

2. HABLAR BIEN ES SIMPLE

Nuestra manera de pensar y hablar es la causante en muchos casos de nuestro sufrimiento. Muchos de los sufrimientos que tenemos son consecuencia de lo que decimos, provienen de nuestra confesión.

Es necesario saber que:

• La mala confesión siempre trae sufrimiento

En el sur de Florida, en Estados Unidos, se incendió un bosque y se necesitaron mil dotaciones de bomberos para apagarlo. Descubrieron que para fumar un cigarrillo una mujer había encendido una cerilla, y después la había tirado y se había ido.

Una cerilla incendió todo un bosque; algo semejante pueden hacer nuestras palabras.

> Los labios sinceros permanecen para siempre, los labios mentirosos solo un momento.
>
> **Libro de proverbios**

Tan pequeñas e inocentes como puede ser una cerilla son nuestras palabras. Las palabras que soltamos libremente, si caen encendidas, pueden destruir una familia, una generación, un hogar, la paz. Hay confesiones que lo único que traen a nuestra vida es sufrimiento. Por eso, es importante escuchar lo que decimos en primer lugar de nosotros mismos, para que después no nos lamentemos diciendo: «Todo lo malo me pasa a mí.»

• Las exageraciones y las mentiras traen sufrimiento

La mayoría de las personas suelen exagerar una dificultad, un problema: un mosquito es como un león, un lunar es sinónimo de cáncer. Pero, sin darnos cuenta, cuando deformamos la realidad no solo estamos exagerando sino también mintiendo.

Una cosa es mentir —decir algo con la intención deliberada de engañar— y otra cosa es compartir una información que pensabas que era verdad y luego te has enterado de que no lo era, sin la intención de mentir. A veces damos datos que

> **Las mujeres mienten para que otros se sientan bien, y los hombres mienten para quedar bien.**
>
> **Anónimo**

entendemos equivocadamente, y esa equivocación puede ocasionar un sufrimiento y tener consecuencias negativas.

Pero, bajo ningún concepto, en ningún área de tu vida incorpores la mentira. Si lo haces, ella anexará a tu vida una cuota de sufrimiento que no vale la pena.

• Los cotilleos traen sufrimiento

> **Los chismosos morirán el día que mueran los oídos chismosos.**
>
> **Marcos Witt**

La persona chismosa divide a los buenos amigos. Donde entra un cotilla entra la división. No te mezcles con gente que habla de más: si los escuchas, ellos mismos, mañana, hablarán mal de ti. Así es como viven, así es como se mueven en la vida.

• Hablar de más trae dolor

Un negociador norteamericano dice: «El que habla primero y demasiado, sale perdedor de toda negociación.»

El que habla de más se identifica con las palabras que emite y entonces pierde credibilidad. Sé sabio, hay un tiempo para hablar y un tiempo para callar, hay un tiempo para distinguir y para saber a quiénes incluirás en tu círculo íntimo, en tu intimidad.

¿A quién estás dejando entrar en tu casa?, ¿lo conoces? ¿Con quién vas a firmar ese contrato?, ¿lo conoces?

¿Con quién estás acordando irte de vacaciones y compartir tu vida íntima?, ¿lo conoces?

Con los dichos que salen de nuestra boca, nosotros mismos nos enlazamos con lenguas lisonjeras, mentirosas, engañadoras, que parecen ser simples corderos pero en realidad están esperando parecer tus amigos para luego mostrarse tal cual son.

No saber con quién estamos, quién nos está acompañando en las diferentes áreas de nuestra vida, no saber en quién hemos depositado nuestra confianza, en algún momento sumará un sufrimiento, que si aprendemos a manejarnos sabiamente podremos evitar.

3. EJERCICIOS QUE SANAN

Ejercicio: Ayudar al otro

Te propongo que pienses en el peor día de tu vida, en tu hora más difícil, en tu momento más doloroso, y que decidas sanarlo hoy. Renuncia ahora a cada sufrimiento que hayas atravesado en tu vida y cuando lo hagas, transforma ese dolor en un don.

> Para sanar... tiene que doler primero.
>
> **Anónimo**

- Hazte esta pregunta:
  ¿Qué podría hacer yo para que en el presente me ayude lo que he sufrido en el pasado?
- Proponte hacer una acción a favor de otra persona que esté en una situación de dolor, cada día durante una semana.

- Cuando finalices, pregúntate: ¿mi sufrimiento sigue teniendo el mismo poder sobre mi vida y mis emociones? Seguramente el dolor habrá menguado o ya no te dominará.

Cuando bordamos un tapiz, vemos los nudos del lado del revés. Pero una vez terminado, lo vemos hermoso. Algo semejante pasa con las crisis, con las situaciones que nos hacen sufrir y parecen no tener una respuesta que las justifique: cuando terminan, cuando superamos ese dolor, ese momento de dificultad, en el mañana será un testimonio de que pudimos vencerlo, que lo traspasamos y que a pesar de todo lo vivido pudimos volver a ponernos de pie, a soñar y a no darnos por vencidos.

El libro del Génesis cuenta la historia de José y sus hermanos. José era un joven de diecisiete años que conoció el dolor, las situaciones difíciles, y supo que ellas no eran su límite sino todo lo contrario.

En una ocasión José le contó a su padre un sueño que había tenido: «Soñé que gobernaría el mundo.»

Aunque él no lo sabía, sus hermanos lo estaban escuchando. Los hermanos notaban que su padre amaba más a José que a sus otros hijos, por eso lo aborrecían y su odio creció al conocer el sueño que José había tenido. Furiosos, decidieron matarlo y lo tiraron a un pozo. Pero, en el último momento, cambiaron de idea y lo vendieron como esclavo por veinte piezas de plata.

José fue llevado a Egipto. Allí, debido a la calumnia de una mujer, fue encarcelado.

Pasaron varios años y desde la cárcel José logró interpretar unos sueños que el faraón de Egipto había tenido y quería comprender. Y fue tan acertada su interpre-

tación que el propio faraón lo honró con un cargo en la corte.

Cuenta la historia que cuando José se convirtió en funcionario del faraón, sus hermanos, que lo habían arrojado al pozo y lo habían vendido como esclavo, vinieron a él para pedirle pan, porque había hambre en su tierra. Habían pasado veinte años. José reconoció a sus hermanos, y le dijo al faraón: «La casa de mi padre ha venido a mí.» Les dio de beber y de comer, y lo suficiente para que cargaran sus animales y no pasaran estrecheces.

Como en la parábola de José, todo lo que viviste, todo lo que pasaste durante años, te será recompensado. Siempre habrá alguien dispuesto a darte el abrazo, el cariño, el lugar que otros quizá no pudieron o no supieron darte. Todas las puertas que te trajeron sufrimiento se volverán a abrir, no para traer nuevamente ese pasado doloroso, sino para que vuelvas a pasar por allí, ahora sano, fortalecido, porque el sufrimiento no maneja más tu vida, porque hubo alguien que sanó tu dolor y te restauró, y hoy puedes dar todo lo bueno que una vez recibiste. Esos recuerdos que antes te hacían llorar, hoy te hacen reír.

> La manera de dar vale más que lo que se da.
>
> **Pierre Corneille**

4. PREGUNTAS FRECUENTES

- **¿Tiene explicación el sufrimiento?**

El sufrimiento no tiene una explicación, es parte de la vida de los seres humanos. Somos nosotros quienes tenemos que encontrarle un sentido a nuestro dolor para poder transformarlo de manera tal que no se convierta en un enojo o en una depresión profunda que termine enfermándonos. De toda situación siempre podemos rescatar algo que nos ayudará para bien, ya sea para nosotros mismos o para aquel que lo necesita.

Muchas veces no tenemos respuestas para dar cuando una persona está sufriendo. Frente a una persona que nos dice: «Mis padres murieron cuando era muy pequeña, quisiera explicarme por qué tuve que vivir esto, y no encuentro una explicación», desearíamos encontrar una razón que les lleve paz o les tranquilice, pero en la mayoría de los casos no la hay. Sin embargo, nunca pasaremos por un dolor o por una situación que no podamos sobrellevar; a todos ellos podremos sobreponernos y cuando lo hagamos comprenderemos también que no siempre hay una respuesta que nos conforme frente al dolor.

- **¿Cómo animarse a intentarlo, después de sufrir tanto por amor?**

¿Qué hace que una persona sufra una y otra vez por amor? ¿Será que no aprendimos de las malas elecciones que hemos hecho y volvemos a elegir el mismo tipo de pareja? Cuando una persona es rígida verá todo blanco o negro, sí o no, ¡todo o nada! Seamos flexibles, observemos qué de nuestra elección nos ocasiona ese dolor, abrámonos y analicemos qué podemos aprender de esa herida que sufrimos, de esa pareja manipuladora que elegimos, de esa infidelidad que padecimos, para que podamos construir así un futuro más sano.

Muchas personas suelen reprimir el pasado, pero también hay quienes reprimen el futuro, y no se animan a volver a empezar por miedo a sufrir otra vez. Sin embargo, para ganar hay que arriesgarse, pero siempre tomando riesgos inteligentes.

• ¿Tiene sentido sufrir por otros?

Más de una vez he escuchado decir: «Cuando veo que otras personas sufren, enseguida me pongo mal y tomo su problema como si fuera mío, pero después termino siempre igual, ellos se ponen bien y yo sigo con un malestar dentro de mí, del cual me cuesta muchísimo reponerme.»

Necesitamos saber qué es lo realmente valioso. Sería muy triste intentar subir una escalera toda la vida y una vez en la cima descubrir que la apoyamos en la pared equivocada. La vida se compone de muchas cosas: de nacer y de morir; de sufrir y de ser feliz; de sembrar y de cosechar; de alegría y de luto. Pero de cada una de ellas nos corresponde hacernos cargo personalmente. No cojamos mochilas que no nos pertenecen.

• Cometí un error. ¿Cómo supero el miedo de volver a equivocarme?

No te detengas en el error, piensa positivamente para ir solo detrás de lo valioso y lo importante.

Tal vez sufriste mucho, confiaste y te traicionaron, te estafaron.

O las oportunidades no se presentaron como lo esperabas y quien te iba a abrir una puerta, en lugar de abrirla para hacerte pasar, te tiró una flecha.

O pediste ayuda, y en lugar de ayudarte a levantar, te tiraron más al pozo con todas esas palabras de desvalorización que soltaron sobre tu vida.

O injustamente estás pagando una deuda que no te pertenecía.

Lo has pasado mal, pero en tu mano sigues teniendo un arco.

¿Sabes qué simboliza un arco?

El sueño por el cual te levantas con fuerzas y pasión todos los días; aunque te disparen flechas, aunque parezca que el sufrimiento no te va a dar tregua, no sueltes tu sueño, tómalo y conquístalo; te pertenece.

Y recuerda: te dispararon flechas
pero el arco sigue estando en tu mano.

5. RECURSOS ESPIRITUALES

A pesar del sufrimiento que estás atravesando, vas a poder terminar todo lo que comenzaste. Seguramente todos en alguna oportunidad hemos tomado una decisión sin sentido, errónea, hemos hecho negocios que no nos convenían, hemos cerrado tratos con personas que nunca habrían debido entrar en nuestra vida, hemos hecho elecciones que acarrearon «sufrimiento o pesar» a nuestros días. Pero así como hemos cometido errores, también hemos tenido aciertos. La situación difícil que estás atravesando o has atravesado no te dejará fuera de todos los sueños que una vez te decidiste a conquistar. En medio del dolor, vemos todo gris, todo negro.

Hay momentos en que nuestras lágrimas parecen hacer un pozo, y sin embargo ese pozo se llenará de lluvia, se transformará en una fuente de solución, de ánimo, de resolución y de esperanza para otros.

¿Qué quiero decir?

Que cuando pasemos por un valle, por un tiempo de lágrimas, tendremos la fortaleza necesaria para transformar ese dolor en un servicio de ayuda a los demás.

Todos tus dolores serán transformados en una fuente de sanidad para otros. El abuso que sufriste, el maltrato, la crisis afectiva, todo lo que en un tiempo fue un dolor, hoy puede sanar y cuando te hayas puesto de pie se transformará en un «don». Con autoridad, habiendo vivido y pasado por situaciones de dolor, podrás decirle al que está en medio de una crisis: «Si yo he salido, tú también vas a poder hacerlo.»

Transformemos el dolor en un don.

Mientras más camines, mientras más avances, más salud y paz vendrán a tu vida. Y en el camino te irás haciendo más fuerte. Vas a caminar y no te vas a cansar, porque cuando tu talento, tu don, está puesto al servicio de quien lo necesita, tus fuerzas interiores y exteriores se multiplican, te vacías y te vuelves a llenar una y otra vez, pero cada vez te vuelves a llenar de más fuerzas. Si somos capaces de dar lo que recibimos, la siembra que recogeremos para todas las áreas de nuestras vidas será extraordinaria.

> **Dar y dar más es la única manera de tener y tener más.**
> **Dale Carnegie**

Si a ti te ayudaron a salir, si te atreviste a volver a levantar los ojos al cielo y volviste a soñar, si recuperaste a tu familia, si superaste esa crisis y estás trabajando nuevamente, si hoy estás en pareja con una persona que te respeta y te da el lugar que mereces, ¿cómo no dar un poco de todo aquello que recibiste?

*Lo que recojas en el camino de la vida será
un bagaje que te servirá de sustento cuando estés
frente a un nuevo dolor, a un sufrimiento
que jamás buscaste pero que llegó sin avisar.*

Lo que has sembrado en otros serán tus recursos para levantarte de esa situación y volver a comenzar. Tus fuerzas vendrán del trabajo que has hecho con tu propia vida, de aquello que has sido capaz de dar.

Quizá te preguntes: «¿Con todo lo que sufrí, puedo ayudar a otros?, ¿con todo lo que luché puedo darle ánimo a otra persona? Si solo quedó una sombra de lo que yo era...» La respuesta es: ¡Sí! ¿Quién puede estar más autorizado que aquella persona que tras haber sufrido supo ponerse de pie y ganarle a la vida nuevamente?

*Aquel que después de una gran batalla hoy está de pie,
puede decirle al otro: «¡Tú también vas a poder!»*

Y esa sombra que crees ser, será la que hará pensar a aquellas personas que hoy sienten que no pueden avanzar: «Él, que perdió a sus padres de muy pequeño, ¡hoy es el fundador de una ONG para chicos que han perdido a sus padres de pequeños!»

Si te has vuelto a parar, si estás de pie y has vuelto a apostarle al mañana, eres mucho más que una sombra, eres una persona que ha sufrido, ha llorado, y hoy, sana, vuelve a soñar.

*Hay algo bueno escondido dentro de ti
que en los momentos de crisis y de dolor
saldrá a la luz.*

5

Transformando «el recuerdo de las críticas» en afirmación interior

1. «¿Tú sabías que lo hizo por su cuenta, sin preguntar?»

A nadie le gusta que lo critiquen. Sin embargo, permíteme decirte que todo lo que hacemos es criticable. Todo tiene un lado positivo y uno negativo. Todos hemos sido criticados y hemos criticado, porque no hay nada más fácil que criticar, porque todo se puede criticar. Por supuesto, cuando una persona es criticada se siente mal, debido a que la crítica hiere su estima.

Nuestra cultura es una cultura de crítica; entras en Facebook, en Twitter, y todo el mundo le pega a todo el mundo. Los programas de entretenimiento «más agradables» son pura crítica.

Algunas personas, cuando quieren decirnos algo y no saben cómo hacerlo, suelen acercarse con mucha diplomacia y en un tono de voz muy amable,

> El problema con la mayoría de nosotros es que preferimos ser arruinados por los elogios que salvados por las críticas.
>
> **Norman Vincent Peale**

preguntan: «¿Puedo hacerte una crítica constructiva? Pero ¡mira que te lo digo por tu bien!» Sin embargo, la función de esa crítica es permitirle poner en palabras la rabia y la frustración que esa persona siente por no haber sido ella quien hizo algo que tú te has animado a hacer.

El famoso escritor y motivador estadounidense, Norman Vincent Peale, contaba que en una ocasión se le acercó un hombre para decirle que determinadas personas lo criticaban y que él no sabía qué hacer para que no lo criticaran más.

Después de escucharlo, Peale le dijo: «Ven conmigo, te voy a mostrar un grupo de gente a quien nadie critica, que está libre de la crítica.» ¿Dónde piensas que pudo haberlo llevado? ¡Sí, no te has equivocado, al cementerio!

Si hacemos, nos van a criticar. Dirán:
«¡Has visto cómo le gusta sobresalir, quiere mostrarse!»
Y si no hacemos, también hablarán:
«¡Te he dicho que era un vago, que nunca
quiere hacer nada!»

No hagas nada, no digas nada, no seas nada, y así nadie te va a criticar.

Elbert Hubbard

Siempre habrá alguien dispuesto a criticar lo que hacemos, o lo que no hacemos. ¡Nadie es un billete de cien dólares que todo el mundo quiere!

En cierta oportunidad el pastor inglés John Wesley había finalizado de dar su prédica, cuando se le acercó una mujer y le dijo:

—Me molesta su corbata. Usted me ofende con esa corbata tan larga.

A lo que el pastor respondió:
—Señora, discúlpeme. Enseguida lo resolveremos.
—Entonces pidió una tijera, se la entregó a la mujer, y le dijo—: Corte la corbata, para que tenga un largo que no le moleste.
Y la mujer la cortó. Luego, tomando la tijera, el pastor declaró:
—Muy bien, usted cortó lo que le molestaba. Ahora le digo lo que a mí me molesta: su lengua, señora.

Hagamos una lista de aquellas personas con las que sabemos que inevitablemente vamos a fracasar porque no les vamos a gustar.

Hay familiares y amigos que tienes que poner en esa lista, para permitirte fracasar con ellos. Pero teniendo en cuenta que lo que digan sobre tu persona y tus acciones es solo una opinión. Por eso, querido lector, quiero decirte que te prepares, porque en más de un momento de la vida te van a criticar.

2. NO TOLERO QUE HABLEN DE MÍ

Frente a la crítica, lo primero es saber de quién viene. Existen diferentes tipos de «criticones». Veamos algunos de ellos:

- **El oposicionista negativo.** Es el tipo de persona que necesita oponerse absolutamente a todo. Si le dices «blanco», te dirá «negro»; en todo lo que le digas te llevará la contraria.
- **Los críticos cotidianos.** Son los narcisistas, los megalómanos, los que se creen que son «la última gaseosa

del desierto». Para estas personas, los únicos que valen la pena en este mundo son ellos mismos. ¿Cómo reconocerlos?

Es fácil, critican a todo el mundo porque su manera narcisista de posicionarse en un lugar es solo a través de la crítica.

- **Los críticos envidiosos.** Cuando una persona logra algo en la vida, obtiene un título o un aumento de sueldo, compra una casa o forma pareja, los envidiosos que no pudieron lograr ese mismo éxito sentirán mucha angustia y al mismo tiempo una rabia que les moverá a la crítica en cualquier momento.

- **Los críticos que proyectan su malestar en ti.** Son las personas que viven poniendo sus partes negativas, o los defectos que no aceptan de sí mismas, en los demás. Por ejemplo, te dirán: «¡Qué mal se te ve!», poniendo en ti lo que realmente les está pasando a ellas. Es frecuente que los padres torturen a sus hijos con las críticas y exigencias que ellos mismos recibieron.

> **En la crítica seré valiente, severo y absolutamente justo con amigos y enemigos. Nada cambiará este propósito.**
>
> **Edgar Allan Poe**

*La crítica positiva no existe,
pero sí es positivo hablar para mejorar.*

Y cuando hablemos no pronunciemos un discurso, seamos breves y hagámoslo siempre en forma privada: critiquemos en privado y felicitemos en público, jamás al revés. Es importante poder decir lo que no nos parece bien de la otra persona, o lo que no salió como esperábamos, aquello que habíamos programado juntos, pero apuntando al hecho, a lo sucedido, nunca a la persona.

Nadie cambiará mediante la crítica salvo cuando mostramos al otros las cosas positivas, cuando somos capaces de elogiarlo y de sumar a su éxito un granito de arena que lo hará más exitoso.

3. A ESTA PERSONA LE PONGO UN BOZAL

Cuando una persona es criticada, en ocasiones se sentirá impotente para responder a la crítica. Pero en otras oportunidades querrá responder con un glosario de palabras de nunca acabar. Sin embargo, frente a la crítica es más beneficioso proponer un cambio de tema, o sencillamente no responder, permanecer en silencio. Seamos sabios y pongamos en uso ciertas técnicas que nos dará un muy buen resultado.

Si por ejemplo alguien te dice: «Estás más gordo», o «Te queda mal ese traje», puedes responder: «Sí, me di cuenta esta mañana, cuando me vi en el espejo», con cara de póquer, mientras en tu interior te dices: «Jamás voy a creer algo que venga de ti.» Si en tu trabajo o en tu familia estás rodeado de los críticos de siempre, puedes contestar a sus comentarios: «Lo voy a tener en cuenta, muchas gracias.»

> Quien se enfada por las críticas, reconoce que las tenía merecidas.
>
> **Cayo Cornelio Tácito**

Otra de las cosas que podemos hacer frente a la crítica es reírnos, exagerar esa crítica y volver a reírnos con más fuerzas.

En una ocasión, un hombre dio una conferencia y, al finalizar su exposición, dijo: «Pueden escribir sus preguntas y con gusto las responderé.» Uno de los presentes le hizo llegar un papel bien grande, donde había escrito la palabra «Idiota». El expositor, con mucha tranquilidad, respondió: «Es la primera vez que alguien escribe su nombre y no una pregunta.»

No le demos a la crítica una importancia que no tiene. La crítica constructiva no existe, así como no existe el cáncer terapéutico.

La crítica nace del malestar interior de la persona que la emite y de la frustración que siente.

Lo que necesitamos, cuando recibimos una crítica, es evaluar la fuente y la autoridad que tiene la persona que la formula. Aunque no lo haya dicho de la mejor manera, si esa persona sabe más que nosotros, si está delante de nosotros en la carrera, seamos inteligentes y en toda ocasión sepamos distinguir lo que nos sirve, lo que nos ayuda a mejorar y avanzar. Sepamos que en la multitud de consejos está la sabiduría. Por eso, aunque nos haya dolido o haya herido nuestra vanidad, aprendamos y saquemos provecho a nuestro favor.

Cuando a una persona realmente le interesa ayudar a otra, se convierte en su mentor, le sugiere cómo solucionar tal o cual cuestión con buena intención. Cuando el que te corrige te ama, aprende a escucharlo porque esa persona busca tu progreso, tu mejoramiento continuo, y anhela verte brillar. Sepa-

> **Fieles son las heridas del que ama.**
>
> **Libro de proverbios**

mos distinguir si la intención es de «crítica» o de «construcción».

Muchas veces nosotros también, sin querer, con las palabras que usamos, pensando que no estamos criticando, lastimamos al otro. Por eso, antes de comenzar a hablar o sugerir, tendríamos que preguntarnos a nosotros mismos:

¿Cómo me gustaría a mí que me digan las cosas?

- **Es primordial pensar antes de hablar.**

Si la pregunta que haremos toca la estima del otro, si la corrección o la crítica es agresiva, es porque no estamos sugiriendo una mejora, estamos descargando nuestra rabia.

- **No hablar antes de tiempo.**

Frente a la crítica, es necesario saber que la persona que la emite no puede conocer ni saber de tu vida. Nadie caminó con nuestros zapatos, nadie vivió nuestra historia, no sabe lo que nos pasó ni lo que queremos lograr. La gente solo ve una milésima parte de nuestra vida y de nuestras acciones, y sin embargo algunos se sienten con el poder y la autoridad para criticarnos, aunque no es así.

Durante un viaje en autobús un niño gritaba, se movía por todos lados, abría la ventanilla aunque hacía mucho frío y la cerraba de golpe. Una mujer que viajaba en ese mismo autobús, molesta, dijo en voz alta:

—A este chico le faltan límites, el padre no hace nada, ¡esta generación de ahora!

Al cabo de unos segundos, se acercó al padre del niño e insistió:

—¡Parece que su hijo es muy inquieto!

A lo que este padre respondió:

—Sí, nos acabamos de enterar de que mi esposa ha tenido un accidente y estamos yendo a verla.

Cuando la señora escuchó esas palabras, la opinión que tenía del niño cambió. Supo comprender que sus acciones respondían al dolor y al enojo de tener que ir a ver a su madre a un hospital.

¿Cuál es el fallo de la crítica?
Que nadie ve el cuadro completo.

¡No hablemos cuando no tenemos los elementos necesarios para hacerlo! Y cuando te critiquen recuerda que los demás no tienen el cuadro completo de tu vida, no saben qué circunstancias has atravesado ni tampoco hacia dónde vas.

Cuando nos critiquen tengamos en cuenta que esas palabras son una opinión, que no es la tuya ni la de aquellos que verdaderamente te aman y anhelan ver tu éxito.

Frente a esa crítica no perdamos tiempo; solamente pretende que nos enojemos para que así nos apartemos de nuestro objetivo. Demos lugar en nuestra vida solo a aquellos que nos quieren sanamente y que se alegran de vernos mejorar.

Hagamos una lista con los nombres de las personas que conocemos y de quienes sabemos que hablar con ellos es ir directamente a la confrontación. Evitémosla, no permitamos que nadie nos lastime. Tengamos presente cuando nos critican que el punto de vista dependerá del lugar donde cada uno se encuentre.

4. EJERCICIOS QUE SANAN

Ejercicio: Escribir y tirar*

Te sugiero hacer este ejercicio. Sé que sanará esa emoción que aún duele. Cuando finalices, te aseguro que la crítica no afectará en absoluto tu vida.

Toma una hoja como la que puedes observar a continuación y dibuja dos columnas. En una de las columnas escribe todas las palabras que te han lastimado, las críticas que has recibido. En la otra escribe: «Es una opinión.» Léelas cada día, durante cinco días seguidos, y al quinto día, léelas todas juntas. Después, rompe ese papel y tíralo al inodoro.

CRÍTICA	OPINIÓN
«Estás muy avejentada...»	Es una opinión
«Este trabajo no es para ti...»	Es una opinión
«Ese color de pelo no te favorece...»	Es una opinión
«En la conferencia pasada estuviste mejor...»	Es una opinión
«No creo que te convenga ese hombre...»	Es una opinión

Al quinto día, después de leer que cada crítica es una simple opinión, es solo una mirada externa que no te conoce, que no sabe bien quién eres ni el propósito que hay en tu vida, verás que al cambiar de posición sobre las voces del afuera, nada de lo que digan tendrá sentido ni valor. Sé libre de las personas a quienes no les interesa en absoluto tu vida. Su crítica tiene un solo objetivo: desenfocarte.

* Adaptación de la técnica citada en *200 tareas en terapia breve*, de Mark Beyerbach y Marga Herrero de Vega, Herder, Barcelona, 2010, p. 334.

Nadie tiene autoridad sobre tu vida, solo tú. ¡No se lo permitas!

5. PREGUNTAS FRECUENTES

- **Me critican porque vivo distraído. ¿Me distraigo porque soy muy sensible?**

La distracción muchas veces tiene que ver con la ansiedad; frente a una situación que nos genera mucha ansiedad, lo que hace la mente es distraerse para evitar esa situación temida.

- **Me critican porque no me relaciono con nadie, dicen que soy tímido. ¿Por qué no me creen cuando digo que solo soy callado?**

Existen diferentes tipos de personas: hay personas que son introvertidas, otras que son sumamente tímidas porque dentro de ellas existen áreas en las cuales no se sienten bien, y otro grupo de personas que padecen ansiedad social, o lo que actualmente se suele llamar la fobia social. Por eso, frente a la crítica, pensemos: «Es solamente una opinión distinta.»

> La opinión de los demás sobre ti no tiene que volverse tu realidad.
>
> **Les Brown**

- **Vivo exigiéndome más de lo necesario, soy mi peor crítico. ¿Por qué?**

Criticarse a sí mismo todo el tiempo es una señal de inseguridad. Cuando una persona se siente insegura, como respuesta a esta emoción comienza a sentir también ansiedad, miedo a la crítica, al rechazo, por lo que se exige todo el tiempo más de la cuenta. Recuerda la ley de los tres tercios:

> *Todos tenemos un tercio de gente que nos ama,*
> *un tercio de gente que nos odia, y un tercio de gente*
> *que no nos conoce, pero igual opina sobre nosotros.*
> *Concentrémonos en la gente que nos quiere.*

- **Me critican la forma de criar a mis hijos en una libertad cuidada. ¿Me estaré equivocando?**

Cada persona ve la realidad desde un lugar. ¿Por qué? Porque cada persona tiene su punto de vista con respecto a cada tema. Sencillamente tenemos que entender eso; si quien nos hace una crítica es una autoridad en la materia, escuchemos, pidamos más detalles, abramos nuestro corazón y pongamos en práctica su consejo o sus palabras; en este caso no se trata de una crítica sino de un deseo de construcción y de mejoramiento.

- **¿Cómo puedo mejorar mi autoestima?**

Según la regla del 3 × 3, ¿qué quiere decir eso?... Voy a buscar a 3 amigos que me digan 3 virtudes, con lo cual tendré una lista con el detalle de 9 virtudes mías que leeré todos los días. Cuando una persona tiene baja estima, generalmente los que están a su alrededor son los que pueden ver con objetividad esas virtudes que ella no reconoce en sí misma. La baja estima hará que siempre recuerdes lo más triste, los peores momentos, los fracasos. Todo lo contrario de lo que recuerda una persona cuya autoestima es muy buena; ella elige siempre los mejores recuerdos.

• ¿Cómo tratar a una persona que tiene una manera fuerte de decir las cosas?

Cuando una persona, en lugar de dialogar, va directamente al choque, podemos hacer dos cosas. Una es detenernos y posicionarnos desde ese mismo lugar. Por ejemplo, si nos dicen: «Me molestó que no me saludaras», podemos responder: «A mí me molesta que te moleste eso», o podemos levantarnos e irnos. Esto implica delimitar nuestro territorio, ser firmes y estar seguros de que no estamos cometiendo ninguna acción que perjudique a nadie. Aprendamos a decir «sí» y «no», lo que determinará que la persona crítica piense dos veces lo que dirá de nosotros. De lo contrario seguirá avanzando y lastimará nuestra autoestima.

En una ocasión, Charles H. Spurgeon, un pastor inglés del siglo XIX, se encontró en la calle con un señor que al verlo se quitó el sombrero, se inclinó y le dijo:
—Pastor Spurgeon, un gran farsante.
Spurgeon se quitó el sombrero y respondió:
—Gracias por el cumplido. Me alegra saber que soy una gran cosa.

Las palabras te bendicen o te maldicen. De acuerdo a lo que haya en nuestro corazón hablaremos, y de lo que nos alimentemos dependerá lo que salga de nuestra boca. Si pronunciamos palabras de bendición, nos nutriremos de bendición. Si pronunciamos palabras de maldición, nos alimentaremos de maldición.

> Las buenas palabras valen mucho y cuestan poco.
>
> **George Herbert**

Tienes que rodearte de aquellas personas que suman a tu vida, que aportan algo nuevo. Anhela tener pies como de cierva para poder caminar en las alturas. ¿Por qué de cierva? Porque he descubierto que las ciervas siempre andan en grupo, y los ciervos siempre andan solos. Por eso, si tus pies son como de ciervas caminarás con aquellas personas que tienen tu misma naturaleza, tu mismo corazón, tu mismo sueño, tu misma pasión, y con esa gente vas a poderte moverte en las alturas.

Las ciervas andan con ciervas,
no andan con leones.

En la cima, conocerás a la gente más maravillosa, a aquellos que tienen tu misma naturaleza, tus mismas ganas de soñar y de avanzar. Seres humanos extraordinarios que estarán contigo en los momentos más felices y en los momentos más duros; gente que te acompañará en las mayores alegrías y celebrará tus éxitos. Y cuando te toque sudar sangre, si tienen que llorar contigo, también lo harán. En todo momento, estarán contigo.

6. RECURSOS ESPIRITUALES

Cada persona es única e irrepetible, criticarse y compararse con el otro no suma a nuestra vida, sino que resta. En la comparación habrá uno que saldrá ganando y otro perdiendo. Cada ser humano es un original y como tal, cuando nació, con esta persona se rompió un molde que solo a él le pertenecía. No somos fotocopia de nadie, por lo que ninguna com-

No juzgues tu día por cuánta cosecha has logrado recoger sino por cuánta semilla has logrado sembrar.

Anónimo

paración será viable. Si algo no nos gusta de otra persona, digámoslo sabiamente, sin necesidad de lastimar. Gastemos la rabia de manera constructiva. El «otro» no tiene por qué ser el receptor de nuestras emociones negativas, ni de nuestros malos estados de ánimo. La rabia solo es una descarga, que no le hace bien al que la suelta ni al que la recibe. En algún momento, esa misma persona que ha descargado su furia se sentirá mal consigo misma.

¿Qué estás esperando cosechar, recibir, en tu vida? ¿Un abrazo, una palabra de ánimo, de aliento, un gesto afectuoso, una recomendación? ¿O una crítica?

Lo que hayas sembrado en el otro en algún momento volverá. La cosecha, sí o sí, llegará a tu vida.

6

Transformando «los recuerdos traumáticos» en experiencias de libertad

1. Todo vuelve a mi mente una y otra vez

Los psicólogos definen el trauma como una situación que va más allá de lo que psicológicamente se puede soportar, una amenaza a la integridad física, emocional o espiritual, que implica un grave peligro, a veces mortal. Esta experiencia golpea las emociones, la mente y todo el ser.

Toda experiencia cercana a la muerte
—un secuestro, un robo, un abuso, una violación—,
produce en nuestra psique una marca.

Una persona que sufre un trauma manifiesta varios síntomas:

- **Imágenes repetitivas.** La persona vuelve a ver y sentir esa experiencia traumática que ha vivido. Los norteamericanos lo llaman *flashback*. En cualquier momento, por ejemplo mientras camina por la calle, aparecen en su mente escenas de la violación, del secuestro, del robo, del abandono y de la humillación que ha padecido. Cuando la imaginación revive la escena, vuelve a experimentar ese dolor traumático; vive con miedos extremos, miedo a que vuelva a suceder. Y entonces cualquier cosa —un dolor, una persona, un lugar, una hora, una fecha— puede asociarse con la experiencia traumática del pasado.

- **Culpa.** Por ejemplo, una mujer violada —a pesar de no ser culpable de nada— siente que ella tuvo algo que ver con lo sucedido. Y es común que otros le digan: «Y tú, ¿qué hiciste?, ¿gritaste, corriste? ¿No hiciste nada?, ¡por algo será!» O, en el mejor de los casos: «Bueno, ya pasó, no es nada, ¿qué podemos hacer?, un problema lo tiene cualquiera.» Jóvenes que fueron violadas o sufrieron abusos de sus padres y decidieron confiárselo a sus madres, recibieron como respuesta: «Ahora por tu culpa se destruyó la familia, arruinaste mi matrimonio.» Y así es como las personas, consciente o inconscientemente, crecen con culpa. Estas personas viven con un constante sentimiento de desesperanza e impotencia. La sensación de no poder defenderse genera también el deseo de hacer justicia, «la venganza». Se preguntan: «¿Por qué alguien me arrebató eso que cuidé tanto?, ¿con qué derecho?» La situación de injusticia y esa pasividad que quizá mostraron frente a la agresión, hacen que la rabia aumente.

> Gran descanso es estar libre de culpa.
>
> Marco Tulio Cicerón

- **Hipervigilancia.** Por ejemplo, después de un robo, ¿no te pasa que caminas mirando a todo el mundo? Empiezas a tener una conducta de hipervigilancia —como se observa en personas que, mientras les hablan, miran hacia los lados todo el tiempo—, y eso conduce a un estado de paranoia, de sentimiento de persecución.

- **Depresión profunda.** Una investigación realizada con tres mil delincuentes en Estados Unidos mostró que los investigados habían sido maltratados en su infancia. La furia generada por el abuso y el maltrato hacía que, ya adultos, se vengaran matando, robando y ultrajando a otros, es decir, ejerciendo poder de la misma forma en que había sido ejercido sobre su propia vida. El hecho es que ese deseo de venganza nunca termina de satisfacerse ni de agotarse, y entonces quien ha crecido con esa ira contenida la descarga sobre cualquier otro, sin importarle que nunca tuviera participación en su vida.

- **Vulnerabilidad.** Al sentirse indefensa, la persona no tiene fe en el futuro. Se pregunta: «Si fue posible que me pasara esto, ¿qué más puede pasarme?» Esa indefensión, unida a la baja autoestima y la profunda sensación de soledad, hacen que los recuerdos aparezcan una y otra vez en su mente.

Existen dos tipos de trauma: de Tipo I y de Tipo II. Veamos cómo funcionan estos traumas en la vida de la persona:

Tipo I. Se da solamente una vez en la vida, es una experiencia puntual que provoca un shock profundo y permite recordar con exactitud los detalles de lo que ha sucedido. Por ejemplo, ser testigo de un accidente en el que una persona muere en la vía pública.

Tipo II. Es el trauma que se repite a lo largo del tiempo, como por ejemplo le sucede a las personas que ha sido víctimas de abuso sexual. En esos casos, la persona se disocia de su recuerdo. Tiene imágenes repetitivas de ese momento, pero suele contarlo como si le hubiera pasado a otro: por todos los medios trata de separar las ideas de las emociones.

Si bien nuestra mente posee la capacidad de resistir la angustia que estos hechos nos producen, en ciertos casos esa angustia nos desborda, los recuerdos son tan fuertes que no podemos evitar que se repitan como un eco en nuestra mente. Por momentos, la persona revive y vuelve a sentir en carne propia todo lo ocurrido, la misma sensación del momento en que se producía el robo, el abuso, el secuestro, la experiencia traumática de que se trate. Continuos *flashback* la invaden todo el tiempo —el mismo olor, la misma palabra, el mismo lugar—, lo que hará que quien haya atravesado esa situación viva en una continua hipervigilancia, exageradamente atento a todos y a todo.

El hecho de vivir en medio de ese dolor hará que no pueda construir un futuro prometedor, de expectativas positivas, sino todo lo contrario, pensará que ese hecho puede repetirse en cualquier momento, y que el futuro, lo que tiene por delante, es bastante oscuro.

> **La depresión es alimentada por heridas no curadas.**
>
> **Penelope Sweet**

> **Abandonarse al dolor sin resistir, suicidarse para sustraerse a él, es abandonar el campo de batalla sin haber luchado.**
>
> **Napoleón Bonaparte**

2. ¡BASTA DE RECUERDOS!

¿Cómo hacer para volver a tener esperanza después de haber pasado por tal situación de estrés y de dolor?

¿Cómo poder pensar en sueños, en éxitos, en planes, en metas, si todo lo vivido te ha robado la esperanza, tal vez la inocencia, y hoy solo vives con miedos, con ataques de pánico, con depresión, al pensar en aquellos rostros tan difíciles de quitar de la mente?

Todo aquello que hemos vivido, y que nos ha producido un gran dolor, nos dejará una marca, que a su vez nos hará seguir determinadas conductas.

Esa marca, que produce síntomas como las pesadillas, la depresión, las culpas, la hipervigilancia, el insomnio o por el contrario largos períodos de sueño, nos dice que el hecho traumático no ha sido sanado. Todos estos síntomas, si bien son normales y es necesario entenderlos y sanarlos, indican que la persona quiere evadirse y aislarse de lo que la rodea. Quizá la persona se esfuerce por decir a su familia que todo está mucho mejor, aunque no está totalmente curada. Tengamos en cuenta que todo aquello que guardamos se transforma en un peso, en una carga emocional difícil de sostener.

> **Parte de la curación está en la voluntad de sanar.**
>
> **Séneca**

Quienes han vivido un hecho traumático pasan por una situación que se conoce como «estrés postraumático», que requerirá de un trabajo psicoeducacional que les ayude a volver a la normalidad, a recuperar sus ganas de vivir y sus ganas de soñar.

3. Ejercicios que sanan

Ejercicio: Escribir la experiencia traumática

Te propongo que te animes a escribir, a contar tu dolor, a que puedas soltarlo y expresarlo libremente y también te animes a responder un cuestionario de este tipo:

- Describe con tus palabras la escena vivida.
- ¿Cuál es tu peor fantasía?
- Si frente a ti se parara la persona que te ha causado esa marca, ¿qué piensas que te podría pasar?
- Si pudieras decirle algo, ¿qué le dirías?

A medida que puedas escribir sobre ese dolor, vas a soltar las fantasías que han quedado en su interior, de manera tal que ellas ya no tengan el mismo peso que tuvieron inmediatamente después de haber vivido esa circunstancia traumática. Verás que ese dolor se va sanando.

> Quien sabe de dolor, todo lo sabe.
>
> **Dante Alighieri**

Cuando expresamos lo que tenemos dentro, deja de ser peligroso.

Tengamos en cuenta que es normal sentirse mal a causa de una experiencia traumática y hay que permitir que la persona que ha atravesado por estas situaciones se exprese. Sentirá rabia, miedos, resignación, furia, injusticia, impotencia; pero a todas estas emociones y expresiones hay que dejarlas salir.

Si aprendo a conquistar a mi dolor,
nunca más tendrá dominio sobre mí.

Si esa experiencia que pasaste de tristeza, de humillación, de rechazo, de abandono, la tomas y aprendes algo de ella, nunca más tendrá autoridad sobre tu vida. Si aprendes de un dolor, cuando este vuelva a tu vida, ya no tendrá dominio sobre tus emociones porque habrás aprendido a vencerlo.

> En esta vida hay que morir varias veces para después renacer. Y las crisis, aunque atemorizan, nos sirven para cancelar una época e inaugurar otra.
>
> Eugenio Trías

4. PREGUNTAS FRECUENTES

- **¿Por qué siento que todas las personas que se me acercan vienen con un as en la manga, con algo preparado para hacerme mal?**

Cuando un conflicto no está resuelto, cuando un trauma vivido no está sanado, vemos a todos los que nos rodean como sospechosos, como si tuvieran un lado oscuro que nos están escondiendo y nos paramos delante de ellos a la defensiva, esperando ese golpe que va a venir en cualquier momento. Por eso es importante resolver toda marca, todo trauma, porque solo al sanarlo podremos salir del lugar del dolor y tener vida otra vez.

> La vida no se ha hecho para comprenderla, sino para vivirla.
>
> Jorge Santayana

- **¿Hasta cuándo van a volver esas imágenes a mi mente una y otra vez?**

Habrá un momento en que toda la emoción saldrá, vas a poder soltarla, y cuando lo hagas vas a volver a ponerte de pie y comenzarás a ordenar todas aquellas cosas que dejaste guardadas en un rincón por un tiempo.

- **¿Se pueden sostener en el tiempo los ataques de pánico?**

Frente a un ataque de pánico, en primer lugar, tienes que decirte: «Esto es lo que siento, pero no es verdad.» El ataque de pánico es la sensación inminente de muerte provocada por un miedo intenso, acompañado por manifestaciones físicas como la transpiración o las palpitaciones. La persona siente que su corazón va a explotar, que se va a desmayar o que se va a volver loca. Pero nada de eso sucede.

En segundo lugar, tienes que sentarte y respirar profundamente, reteniendo el mayor tiempo posible el aire antes de exhalarlo. La respiración ayuda a volver al eje.

- **Me robaron cuatro veces en un año, pero la última vez que me asaltaron fue diferente. Vivo con paranoia, no puedo salir de noche, miro para todos lados. ¿Qué puedo hacer?**

Recuerda este principio: todo lo que evitamos genera un falso circuito de seguridad. Mi sugerencia es escribir.

Escribir ayuda a ordenar los pensamientos y a ponerlos en el afuera. Puedes comprar un cuaderno y comenzar a escribir allí una narración con todos los detalles de ese episodio doloroso que viviste, o esos reiterados episodios, aunque hacerlo te provoque angustia. La mejor manera de vencer un miedo es expresarlo, sacarlo, hablarlo, ponerlo fuera para que el fantasma no tenga más autoridad y no pueda asustarnos más.

- **¿Cómo supero el hecho de que mi pareja me haya abandonado?**

Hay que hacer el duelo, permitirse estar mal, y hacer una carta de despedida donde expresarle todas las cosas buenas y los momentos tristes vividos, para que así puedas cerrar esa etapa. Cuando una puerta se cierra, Dios siempre te va a abrir una posibilidad. Mantengamos la esperanza, siempre se puede volver a empezar.

> La única posibilidad de descubrir los límites de lo posible es aventurarse un tanto en el terreno de lo imposible.
>
> **Arthur C. Clarke**

5. RECURSOS ESPIRITUALES

Del dolor, de esa marca, saquemos algo bueno. Si alguien te ha lastimado, habrás aprendido a detectar a las personas que solo se acercan para lastimarte. Por eso, cuando quieran volver a tu vida, no lo permitirás más.

Cada experiencia de dolor —esa madre que te abandonó, ese padre que te rechazó o te maltrató, esa pareja que te engañó— hay que transformarla en aprendizaje, en revelación. Aprendamos de ese trauma que hemos sanado para que cuando quiera volver se encuentre con una persona tal que no le permita aproximarse a su círculo íntimo. Tienes que derribar a ese monstruo, eliminarlo de tu vida. Cuando lo hagas, cada vez que un nuevo monstruo quiera acercarse, sabrás cómo derrotarlo, porque ya habrás vencido a los anteriores. Cada vez que te enfrentes a una experiencia de dolor, piensa:

«La voy a derrotar como derroté a la anterior, porque he aprendido de cada experiencia vivida y a partir de ahora nadie podrá lastimarme.»

Tienes capacidad para dejar atrás, por completo, cualquier experiencia traumática. ¿Cómo? Veamos:

1. **Nunca regreses al lugar del dolor, al lugar del trauma, con la gente que te ha traicionado.** No regreses al pasado, en él no hay nada, solo pasado.

2. **Nunca sientas lástima de ti mismo.** No te digas: «¡Ay, lo que me pasó!», «¡Ay, lo que me hicieron!», No tengas lástima de ti. No te eches la culpa de lo que no has hecho. Nunca permitas que alguien te acuse de lo que no hiciste, no eres culpable de esa marca que otras personas dejaron en tu vida. Puedes salir del trauma, del dolor y volver a ponerte de pie. Si alguien que ha pasado por tu misma situación se puso de pie, tú también puedes hacerlo; en medio de ese trauma, tú también vas a poder.

3. **No dejes que tus pensamientos te manejen.** No te muevas por lo que piensas y sientes. Tienes que ser leal a la verdad y no a tus sentimientos. Tu lealtad depende de tu amor a la verdad. Necesitamos aprender a decirle a nuestra mente: «¡Basta!» Y cuando los pensamientos que te lastiman vuelvan, una y otra vez, ignóralos. No te dejes llevar por tu mente, es lo más demente que tienes.

> **Vale más un minuto de pie que una vida de rodillas.**
>
> **José Martí**

La realidad no es lo que ves, la realidad es lo que hay en tu interior. Es la capacidad para levantarte ante cada dolor, ante cada marca, y afrontar la vida.

7

Transformando «el resentimiento y el enfado» en un perdón liberador

1. No lo tolero más

En algún momento de nuestra vida, todos nos encontramos en una situación que nos lleva a preguntarnos:

> *¿Cómo pude hacer esto?*
>
> *¿Cómo pude comer tanto?*
>
> *¿Cómo pude aceptar este trabajo si en realidad no es lo que yo quería?*
>
> *¿Cómo puedo estar con esta persona, con esta pareja que no tiene nada que ver conmigo?*
>
> *¿Cómo pude abandonarme de esta manera?*

Sin darnos cuenta, nos convertimos en nuestro propio enemigo, nos maltratamos a nosotros mismos, tal vez más de lo que puede maltratarnos otra persona. Y ese trato que nos damos a nosotros, la mayoría de las veces sin darnos cuenta, es producto de la rabia y el enfado que tenemos hacia el «otro», hacia aquella persona que consciente o inconscientemente nos ha lastimado.

Cuando comemos todo el tiempo comida basura, cuando dañamos nuestro cuerpo, cuando nos castigamos a nosotros mismos, cuando elegimos trabajos negativos, parejas controladoras o manipuladoras, lo que estamos expresando es la rabia contenida en nuestro interior, hacia los demás o hacia nuestra propia persona. Y mientras no podamos redireccionarla de la mejor manera posible, seremos nosotros los más lastimados y los más perjudicados.

2. CON CARA DE BULLDOG

¿Te ha sucedido alguna vez que, caminando por la calle, has observado rostros de personas que parecían estar tan enfadadas que te amedrentaban de tal manera que ni se te hubiera ocurrido acercarte para hacerles una pregunta?

Esto sucede y más de lo que deseamos o imaginamos. Según dicen los médicos, muchas personas recurren a la comida o al cigarrillo para calmar la ansiedad, lo que yo llamaría «rabia guardada».

Si no podemos reconocer lo que nos está pasando, si no percibimos que lo que sentimos no es causa de la ansiedad sino de la hostilidad y la rabia que hemos acumulado, no daremos en el blanco certero para poder sanarnos.

Cuenta una anécdota que, en una ocasión, un hombre salió a caminar. En la calle se encontró con un espejo. Vio en él a un amargado, y dijo: «¡Con razón te tiraron, con esa cara!»

Los datos que arrojan las investigaciones muestran que «la hostilidad nos mata»:

• Las personas hostiles tienen tres veces más posibilidades de morir a causa de una enfermedad del corazón.

• Las personas iracundas, que viven enojadas todo el tiempo, disgustadas con la vida, tienen una probabilidad mucho mayor de morir antes de tiempo que aquellas personas que son capaces de decir lo que les molesta y lo que no les hace bien.

> **La cólera no nos permite saber lo que hacemos y menos aún lo que decimos.**
>
> **Arthur Schopenhauer**

Esa hostilidad no siempre se dirige en contra de nosotros mismos. Con frecuencia se vuelca en otros, en las personas más queridas, que no tienen nada que ver con lo que estamos sintiendo. Si nos toca ser uno de esos otros, también corremos el riesgo de enfermarnos. Es necesario que nos alejemos de las personas hostiles, negativas, peleadoras, tendenciosas, maliciosas, si queremos gozar de una buena salud física y mental.

La hostilidad es más perjudicial que el colesterol.

Limpiemos nuestro interior de viejas ideas, de ladrillos que ya tienen años, de resentimientos, de rabias, de «ex», de miedos, de venganzas. Dejemos nuestro corazón vacío para lo mejor. Mira dentro de ti y pregúntate:

- ¿Qué necesito sacar de mi corazón?
- ¿Qué recuerdos?
- ¿Qué personas?
- ¿De qué tengo que vaciarme?

De:

- Heridas
- Viejas ideas
- Rencores
- Actitudes negativas
- Chismes
- Egoísmo
- Antiguos dolores

Todas estas heridas nos generan un alto grado de disgusto, de enojo. El problema no es enfadarse. Nos enfadamos cuando esperamos una cosa y recibimos otra. Sentir enojo es normal, es una fuerza emocional que nos hace seguir adelante. Pero cuando guardamos o reprimimos el enfado, cuando no reconocemos nuestras heridas, comienzan a suceder cosas altamente negativas.

Mientras vivamos con heridas,
viviremos anestesiados, actuaremos
como si estuviésemos dormidos.

Analicemos algunos estereotipos de personas que viven con mucha rabia contenida:

- **Síndrome de la mosquita muerta.** Personas que guardaron la rabia sin darse cuenta, ya que no han podido registrar ese enojo.
- **Síndrome de la bomba de relojería.** Personas que guardaron durante años la rabia siendo conscientes de lo que estaban sintiendo; saben que basta que se les diga una palabra para explotar.
- **Síndrome del que arroja el veneno por gotas.** Perso-

nas que tragan la rabia y la eliminan o la descargan poco a poco, en pequeñas dosis.

En un tiempo se pensaba que existían dos modelos de rabia: la apagada y la encendida. Sin embargo, no es así. La ira siempre es «encendida», y a determinado nivel explota. Por eso, evitemos llegar al nivel de la explosión.

3. ESTOY A PUNTO DE EXPLOTAR Y NO QUIERO, ¿QUÉ HAGO?

Enfadarse es bueno. El enojo es una emoción puesta por Dios, una energía contenida en nosotros que se expresa al surgir una dificultad. Por ejemplo, si me da mucha rabia prestar un libro y que no me lo devuelvan, tendré que decidir qué hacer con ese enojo: puedo encarar a la persona que no me lo ha devuelto, puedo hacerle un cuestionamiento en voz alta, o puedo usar el enfado para encontrar el modo de recuperar el libro.

El enojo es sano cuando aparece y desaparece, cuando pasa y se va. La rabia no te lleva a ningún sitio.

Cuando una persona durante años guarda su rabia, soporta maltratos y amontona heridas, se activa la adrenalina en dosis tan grandes que pueden actuar como un veneno.

Cuando una persona atesora rabia en el corazón y se niega a reconocerlo, dice: «Yo no voy a hablar, que venga a pedirme perdón, que venga de rodillas, yo no me voy a dejar pisotear.» Cualquier comentario, una palabra dicha con un tono de voz o de una forma que no era la esperada es para ella una ofensa, y así es como en lugar de una conversación

> Cualquiera puede enfadarse, eso es algo muy sencillo. Pero enfadarse con la persona adecuada, en el grado exacto, en el momento oportuno, con el propósito justo y del modo correcto, eso, ciertamente, no resulta tan sencillo.
>
> **Aristóteles**

se genera una discusión.

Este modo de reaccionar, este enojo, en muchas ocasiones nos está hablando de una persona insegura, de una persona con baja autoestima, que a través de esa reacción necesita demostrar que tiene el control, que domina la situación y como no sabe ponerlo en palabras lo actúa mediante una gesticulación y un tono de voz desbordados. Pero, en realidad, nos está hablando de una persona que está herida, con rabia y con un dolor demasiado grande, que en muchos casos no se permite reconocer.

El poder de la vida está en las palabras. Pero si conecto mis palabras con mi rabia, mis palabras no van a construir. Canalicemos esta emoción sabiamente:

- Cuando nos enojamos preguntémonos por qué y si vale la pena enfadarse por ese motivo.
- Sepamos hablar. Hablemos en positivo. Por ejemplo, si para trabajar necesitamos silencio, digamos: «Yo necesito que hagas menos ruido.» Nunca comiences una conversación hablando del otro. Hay que saber pedir, de lo contrario, instantáneamente habremos cerrado el diálogo.
- Para evitar «explosiones», cuando veas a una persona enojada no le digas que se calme, se pondrá mucho peor y puede provocar tu enfado. Aunque en realidad te gustaría decirle lo que piensas, en ese estado de cosas es preferible retirarse a tiempo.
- Cuando surge un entredicho, antes de responder bus-

ca más información. No te apresures cuando vayas a interpretar. Cuando estamos enojados nuestro cuerpo también tiene que dejar de pelear. Muchas veces nuestra mente deja de hacerlo, pero nuestro cuerpo no.

- No escuches voces externas. No te guíes por lo que dicen los demás. Nadie puede ir hacia el futuro mirando hacia atrás. La gente agrede para que seas como ellos, pero tú no permitas que nadie te determine en tu actuar.

Para no estallar, para no ser una bomba de relojería, comienza a enfocarte sabiamente. ¿Qué significa esto?

Enojo enfocado a la gente es tensión;
enojo enfocado en la solución es expansión.

Pon todos tus enojos en las soluciones, no pases factura por debajo.

Ante una situación que te enoja, tienes que elegir entre reaccionar o responder. Reaccionar es instintivo; responder es pensar: «¿Qué me conviene decir o hacer en función de mi objetivo?»

Muchas veces, cuando les pasa algo desagradable, las personas reaccionan: gritan, mandan e-mails agresivos, insultan. Pero tendrían que pasar de la reacción, que es el nivel instintivo, al nivel de la sabiduría, es decir, la respuesta. Para eso tienen que tomarse un tiempo y reflexionar acerca de qué les convendría hacer. Por ejemplo:

- Un empleado le señaló un error a un jefe narcisista y por eso este lo despidió. El empleado es mi amigo y, cuando me lo contó, le pregunté si a su hija de diez años le mostraría imágenes de posiciones sexuales porque la sexualidad es buena. Me dijo obviamente que no, porque su hija no estaba preparada psíquicamente. Entonces le pregunté, ¿y por qué piensas que un narcicista está preparado psíquicamente para que lo corrijas? En lugar de reaccionar, mi amigo podría haber respondido, es decir, podría haberse tomado tiempo para pensar: ¿esta persona está preparada o no para lo que voy a decirle? ¿Quiere o no quiere escucharlo? ¿Qué me va a convenir a mí en esta situación?

- Si voy conduciendo y alguien me encierra, la reacción instintiva es: «bajo y lo insulto». ¿Pero, qué pasa si del otro coche descienden cuatro personas con un palo o con un arma en la mano? ¿Y si baja una anciana, o una mujer embarazada? Por supuesto, la reacción cambia. Porque mi reacción depende del contexto. El que reacciona por instinto no mira el contexto; en cambio el que responde sí lo tiene en cuenta.

4. Quiero volver a estar bien

Si nuestro deseo es dejar en el pasado las viejas rabias, el resentimiento o el dolor que hemos padecido, necesitamos despegarnos de todas las emociones que parecieran haber quedado congeladas en el tiempo. Podemos vivir dando vueltas sobre el mismo tema, seguir en un tiovivo con la misma música que nunca para, hasta que nos sintamos agotados, sin fuerzas, aburridos de conversar siempre de lo mismo o de decir ¡basta! Es tiempo de sanar, es tiempo de perdonar. El perdón es dejar de alquilarle nuestro tiempo y nuestra mente al que nos ha dañado. Es echar a ese inquilino de nuestra mente. Es cambiar de canal, es bajarnos de ese tiovivo para dejar de dar vueltas siempre en el mismo lugar.

El perdón es un acto terapéutico, sanador, es extraordinario, y no es algo que hacemos por el otro, sino algo que hacemos por nosotros.

- Perdonar no es amnesia.
- Perdonar no es olvidar.
- Perdonar no es minimizar lo sucedido.
- Perdonar no es reconciliarnos.
- Perdonar no implica que al día siguiente iremos de nuevo a tomar un café, o al cine, o emprender un negocio juntos como si nada hubiese pasado.

¿Qué es el perdón?

- El perdón es un acto de la voluntad.
- Perdonar es liberarme de ese resentimiento, de esa rabia que «me lastima» porque ese momento vivido aún sigue presente con mucha fuerza.
- Perdonar lleva tiempo, y al hacerlo no esperes nada de la otra persona. Recuerda que no lo haces por el otro, en primer lugar lo estás haciendo por ti mismo.
- Perdonar implica desatar a ese prisionero y descubrir que el prisionero éramos nosotros mismos.
- Perdonar es renunciar al derecho de venganza.

No perdonar al que me lastimó es como llevarlo conmigo «esposado» a todos lados, porque espiritualmente sigo unido a ese dolor, a esa situación y a ese rostro. Al prolongar el enlace con el que nos agredió, «el que lastimó», termina siendo el «amo del lastimado».

En el año 2005 se realizó en Harvard una investigación sobre mujeres que habían perdonado situaciones muy difíciles por las que habían pasado. A diferencia de quienes no aceptan perdonar, lo observado en estas mujeres arrojó las siguientes conclusiones:

- «Sobrecarga emocional reducida.» Tenían un estrés reducido.
- «La hostilidad va al corazón y efectivamente nos enfermamos.» Su salud cardiovascular era mucho mejor.
- «Cuando estamos en paz, toda nuestra disposición hacia dentro, con nosotros mismos, y hacia el exterior es diferente.» Sus relaciones interpersonales estaban mucho más afianzadas.
- «Esto implica una mayor relajación muscular.» Los dolores de espalda y de las articulaciones eran mucho menores.

¡Las ventajas son muchas!

5. EJERCICIOS QUE SANAN

Ejercicio 1: «Como si...»*

Un ejercicio útil para sanar la rabia es el siguiente: piensa en esa situación dolorosa, esa circunstancia que te generó mucha angustia, una respuesta que no esperabas, un trato que no merecías, y recuerda el rostro de donde provenía. Cuando lo hagas responde a estas preguntas:

- ¿Pienso en eso malo que me hicieron más que en las cosas buenas que me pasan?

* Adaptación de la técnica citada en *Psicosoluciones*, de Giorgio Nardone, Herder, Barcelona, 2002, p. 141.

- ¿Sientes algún malestar en tu cuerpo al recordar aquel hecho?
- ¿Se repite esa historia mil veces en tu cabeza?
- Si tu problema ya estuviera resuelto, ¿qué harías?
- ¿Harías hoy algo diferente frente a aquella situación que te produjo tanta tristeza?

Cada día, repite este ejercicio, pon en marcha eso que elegiste, aquello que imaginaste, como si la tristeza ya no tuviera lugar en tu vida ni en tus recuerdos. Estos cambios harán que te sitúes frente a los problemas de una manera distinta, mucho más fuerte.

Tal vez frente a determinada situación te digas: «Jamás voy a perdonar lo que me hicieron» o «Es imposible perdonar a esta persona». Seguramente tu enojo es justificado, nadie querría haber estado en tu lugar. Sin embargo, cuando no perdonamos, los únicos perjudicados seguimos siendo nosotros mismos.

¿Cómo funciona el rencor? Cuando alguien nos hace algo malo, sentir rabia es normal. Pero si al cabo de un tiempo le alquilamos nuestra mente a ese rencor, le permitimos acaparar nuestros pensamientos y perdurar en el tiempo, este terminará transformándose en resentimiento y es allí mismo cuando nuestro cuerpo y nuestro interior comenzarán a enfermarse. Un gran porcentaje de infartos tiene que ver con las hostilidades guardadas, las rabias que durante años hemos acumulado y que terminan afectando el corazón.

La persona rencorosa siempre mira el mismo canal, el canal «Rencor». Ser rencoroso es similar a cederle gran parte de nuestra vida a la persona que nos ha lastimado, y esa rabia, ese rencor encapsulado, nos roba la salud. Es por eso que necesitamos vigilar que nuestro malestar no se transforme en resentimiento. El resentimiento es «el aviso» que nos indica que allí tiene que comenzar a trabajar el perdón.

Ejercicio 2

Escribe en un cuaderno tus rabias y enfados.

Ejercicio 3

Cuéntale a algún amigo lo que sientes.

6. PREGUNTAS FRECUENTES

- **Mi madre me dañó muchísimo, se murió, yo la perdoné, pero sueño con ella a menudo y le echo la culpa de todas mis desgracias. ¿Será que en realidad no la he perdonado?**

El perdón es una decisión personal, pero una vez que perdonamos necesitamos agotar esa emoción. A las rabias hay que «agotarlas». Agotar la emoción es fundamental para tener paz interior.

- **Me dejaron un día antes de la Navidad de 2010. Pasé mi cumpleaños, en enero, destrozado. Y no solo eso, mi ex salió un tiempo con mi peor enemigo (seguramente a propósito). No tuve venganza y a causa de todo lo que sufrí por ella hace ocho meses que no puedo salir de mi casa, vivo encerrado ¿Puedo llegar a perdonarla cara a cara?**

Cuando hubo un engaño, una desilusión del ideal, el dolor trae consigo mucho resentimiento. Lo aconsejable en estos casos es tomar un cuaderno y escribir todas tus rabias sin tachar nada, sin romper nada. Este ejercicio puedes hacerlo durante 1 o 2 semanas, escribe todo eso que sientes para que todas las emociones que están en tu interior puedan salir. Lo importante no es que vayas y le digas: «Te perdono», sino que tú mismo puedas soltar de tu vida, dejar ir a esta persona, porque así seguramente sucederá lo mejor: vendrá una persona con quien puedas compartir tu proyecto de vida, idear una pareja, tener un amigo verdadero y construir «las mejores relaciones.»

> No hay venganza tan completa como el perdón.
>
> Josh Billings

- **Me hicieron mucho daño, me lastimaron, hicieron de mi vida un infierno, ¿cómo podría perdonar?**

Frente a tanto dolor, es normal sentir que nunca perdonaremos. No debemos minimizar la rabia ni pensar que somos malas personas porque sentimos de esa manera; a todos nos pasa lo mismo ante una injusticia, una herida. Dejar salir todo ese dolor, esa rabia, nos sanará. Y al hacerlo, estaremos listos para perdonar y empezar a recuperar la confianza en nosotros mismos y en los otros.

- **¿Cómo hacemos cuando las personas que nos hacen daño son parte de nuestra vida cotidiana, cuando tenemos que seguir viéndolas a pesar de todo?**

Perdonar es recordar, nosotros también lastimamos, nadie puede tirar la primera piedra. Perdonar es un acto de grandeza, quiere decir: «Todo lo que he vivido no va a tener el control de mi vida, no determinará mi presente, ni mis planes, mis proyectos, mi futuro.»

- **Tengo una amiga que se quiere suicidar. ¿A qué obedece el suicidio?**

La mayoría de la gente que intenta suicidarse, lo hace por depresión. En estos casos tenemos que acompañar a esa persona que está necesitando ayuda a un terapeuta, para que reciba un tratamiento psicológico, psicoterapéutico. Mucha gente que se enoja contra sí misma, recurre a la autolesión o al suicidio. Como la rabia interna que sienten es tan grande y no pueden expresarla positivamente, la dirigen contra sí mismos y se lastiman.

Perdonar es poner reglas claras, es poner límites.

Cuando un animal depredador tiene cría, marca visualmente el territorio y ¡no deja que otro animal entre! Marquemos territorio, pongamos límites, digamos «sí» y «no» a quien sea. Y si no has hecho daño a nadie, no pidas perdón para satisfacer al otro, no te conviertas en una persona suplicante. Hazte cargo de tu vida y que cada uno pueda hacerse cargo de lo que piensa y de lo que siente: «Yo soy Yo y Tú eres Tú.»

Perdonar es poder dormir tranquilo.

Acuéstate en paz, y vas a dormir como un niño, sin miedo al mañana, porque cuando te levantes y pongas en marcha tu vida, todo lo que hagas te saldrá ¡espectacularmente bien!

7. RECURSOS ESPIRITUALES

Perdonar es un acto emocional y espiritual; al hacerlo nos estamos separando de esa persona que nos ha causado dolor.

En lugar de elegir la venganza, al perdonar decidimos delegar en la Justicia el derecho de reclamar por lo sucedido. Perdonar no quiere decir no ejercer el derecho de reclamar, de investigar todo lo sucedido cuando la gravedad del caso lo requiere (por ejemplo, ante un accidente o una muerte).

> **Perdona siempre a tus enemigos: nada les molesta tanto.**
>
> Oscar Wilde

Perdonar quiere decir: no voy a dejar que mi pasado de dolor marque y determine mi presente y mi futuro. Mi presente y mi futuro tienen que tener paz porque yo he decidido disfrutar de toda la vida que tengo por delante. Y para alcanzar un futuro de sueños, de metas y de anhelos necesitamos estar en paz y haber perdonado.

8

Transformando «los recuerdos del abuso» en fortaleza espiritual

1. No tolero que me persiga más

A lo largo de la vida establecemos relaciones con personas que nos hacen bien, nos alegran, nos ayudan a madurar, nos hacen felices, nos enriquecen, con quienes disfrutamos. Pero también con otras que nos dañan y pueden destruirnos.

En estos tiempos es muy común escuchar que una mujer en su trabajo es acosada por un jefe o por un compañero; muchísimas personas son acosadas y sufren abusos emocionalmente dentro de su familia. Cuando el acoso se produce en el ámbito laboral se lo denomina *mobbing*. La intimidación de un chico por parte de un compañero de escuela se conoce como *bullying*.

- El acoso es el exterminio psicológico, el bombardeo emocional, es una conducta constante y deliberada orientada a destruir verbalmente, socialmente o físicamente a otra persona.

- El acoso es una manera de actuar y de influir sobre las personas.
- El acoso es el deliberado maltrato verbal de una persona hacia otra.
- El acoso sucede durante un tiempo prolongado en el cual el acosador degrada y maltrata a su víctima sistemáticamente.

Acoso viene de «acuso», de acusación. El objetivo del acoso es la destrucción y para lograrla el acosador aplica distintas técnicas y estrategias.

Acoso moral: el acosador grita o insulta, a solas o en grupo; asigna tareas imposibles de realizar, ataca o descalifica lo que su víctima hace o dice.

Maltrato verbal: el acosador amenaza, calumnia, destruye la reputación, aísla al acosado de otras personas, presiona para cambiar horarios, sueldos o tareas; ataca la religión o las convicciones, crea enemigos o difunde chismes.

> La gente que «hace daño» no ha visto su propia luz y quiere apagar la luz de los demás, pensando que así brillará algo.
>
> **Concha Barbero**

El acosador se acercará primero con palabras bonitas, con seducción, con reconocimiento, pero lentamente irá introduciendo la descalificación, los gritos e insultos. El acoso trabaja adormeciendo a la persona que lo recibe. Solo se dará cuenta de la situación después de haberla padecido al menos un año.

La mayoría de las personas que han padecido abusos ya sea sexual como emocionalmente han sufrido estos hechos traumáticos de manos de gente querida. El abuso deja en ellas el recuerdo de rostros, palabras, momentos; dolores muy profundos; secretos que nadie conocerá, solamente quienes lo han vivido.

Las víctimas de abuso tienden a percibirse frágiles, lastimadas y sin recursos. Esto les provoca una sensación de falta de control sobre sí mismas y sobre su propia vida. Por eso es muy importante que puedan identificar y desarrollar sus propios recursos y áreas de fortalezas para recuperar una sensación de competencia.*

> Mis amigos me motivan e inspiran, mis enemigos me dan ideas.
>
> **Mike Murdock**

2. CÓMO DISTINGUIR A UN ABUSADOR

¿Qué hace el abusador?

El abusador comenzará a hostigar a la persona elegida a través de las críticas, de las descalificaciones, de las humillaciones. Creará un grupo de personas a las que enviará para que hagan el trabajo sucio de destruir a la otra persona.

En general, la persona acosada no se da cuenta. Tal vez durante más de un año es criticada, descalificada, maltratada, despreciada, y ante todo esto se pregunta: «¿Qué cosas estoy haciendo mal? ¿En qué me estoy equivocando?» No

---

* «Creación de un marco comunicacional que permita integrar el abuso» y «Flexibilidad en la forma de abordar el abuso», en *Revista Pshykhé*, vol. 10, n.º 2, Santiago de Chile, 2001, pp. 53-70.

puede reconocer al abusador, se culpa a sí misma y al hacerlo permite que el abusador la aísle, al mismo tiempo que la hostiga más, tratando de destruir por todos los medios su autoestima.

> Lo que «ellos» quieren es que nos destruyamos a nosotros mismos mientras «ellos» simulan que no tienen nada que ver con lo que ocurre.
>
> Víctor Sen

El abusador señala siempre lo negativo. Por ejemplo, si tu marido quiere descalificarte, dirá: «No sirves como mujer», «Eres un desastre sexualmente» o «Eres un desastre como madre, abuela o amiga». En otras ocasiones elegirá castigar con la indiferencia, ignorando tus sentimientos. No le importa si lloras o ríes, si te ha ido bien o mal, te tratará como un objeto o te maltratará con el silencio.

> El grupo que no hace nada, con su silencio da el poder al acosador.
>
> Nora Rodríguez

El abusador manifiesta estados de ánimo cambiantes. Con él es muy difícil relajarse, pues no se sabe cómo va a actuar: si llegará alterado, si terminará el día con una violencia desmedida, si insultará o adoptará una actitud amorosa para obtener algo de su víctima. Por ese motivo, la víctima vive en permanente inquietud.

El abusador pretende que te quedes llorando, que te quedes con rabia, o que recurras a la violencia. Como dice el psiquiatra Hugo Marietán: «El abusador, al igual que el violador, se considera con el derecho a quebrar la libertad sexual del otro. Es más, muchos creen que el otro quiere ser acosado o violado. Desde la mente del violador solo está respondiendo a sus necesidades especiales [...] La necesidad especial: abusar, violar, matar, tiene el mismo circuito. Esa es la causa por la que el violador reincide. El reproche, el castigo, el encierro no pueden mitigar la necesidad, es por eso que una vez puestos en libertad repiten la misma acción que los llevó a la cárcel. Es su naturaleza de depredador. A un lobo no le interesan los derechos a la vida de la oveja, solo ve un bocado apetitoso que saciará su voracidad, por el momento.»*

Para evitar que los acosadores logren sus fines, en el ámbito de la familia necesitamos enseñar a nuestros hijos algunas técnicas para fortalecer la autoestima, y no minimizar lo que les pasa. Por ejemplo, cuando vuelven del colegio y dicen «Me gritaron» o «Se burlan de mí», si los ignoramos, ellos sufrirán en silencio.

También necesitamos marcar territorio, poner límites, no ser los chivos expiatorios, lo que en psicología se llama «el paciente identificado». ¿Qué quiere decir esto? Que a veces el que tiene todos los síntomas en la familia, el que se droga, es rebelde o es loco, en realidad es el portavoz y el vocero de la enfermedad de toda la familia. No es el más enfermo, a veces es el más sano, y todos lo usan de chivo expiatorio.

En el ámbito del trabajo, necesitamos recuperar nuestros derechos. Hacerlo significa enseñar a los demás cómo queremos que nos traten. Hay distintas técnicas, dependiendo de la situación. A veces lo mejor es reírse; o tomar una crítica como un halago y agradecerla; o, ante una agresión, dejar claro que no permitiremos que nos sigan tratando de esa forma.

* 11.º Congreso Virtual de Psiquiatría-Interpsiquis 2010, *www.interpsiquis.com*.

3. CÓMO IDENTIFICAR A UNA PERSONA ACOSADA

Las personas acosadas suelen caracterizarse por:

- Depresión.
- Baja autoestima.
- Falta de concentración.

Personas que antes eran capaces y hacían bien las cosas se vuelven torpes a causa del maltrato. Suelen decirse: «¡No puedo entender cómo esto que me salía bien ahora me cuesta tanto!», «¿Por qué me pasa esto a mí?», «¿Qué es lo que hice mal?». La persona acosada queda como adormecida ante la situación que ha enfrentado. En otros casos, trata de minimizar el maltrato con frases como: «¿En qué trabajo no te quieren quitar el puesto?», «Bueno, no es nada, en realidad estaba muy enojado y por eso me trató así».

El acosado se siente confundido y manifiesta esta emoción experimentando culpa y vergüenza.

El acosador apuntará a dos áreas de la persona que se ha fijado como meta: el hacer y el ser.

- **El hacer.** El acosador descalificará, cuestionará, rebajará todo lo que hagas. Dirá: «Estás mal sentado», «¡Qué ignorante!». Su objetivo es aniquilar la autoestima, y la acusación constante logra destruirla.
- **El ser.** El acosador desvalorizará tu motivación, inventará malas decisiones para llenarte de culpas y malestar. En psicología, ese mecanismo se llama «satanización»: consiste en hacerte creer que eres lo que no eres, una mala persona. Lentamente te aislará de los que quieres, de quienes te pueden ayudar y se unirá a otros para armar su propio grupo.

Por todo esto es importante que tengas en cuenta estos conceptos:

- Los acosadores buscan a la gente que es querida, que tiene capacidad y reconocimiento público.
- El acosador tiene su corazón destrozado por tu éxito, siente rabia porque has formado una familia, tienes el trabajo que te gusta, los hijos que quieres. Siente envidia de tu vida.
- Los que investigan la personalidad del acosador dicen que no puede aceptar su ignorancia. No sabe decir: «No sé», ni «Enséñame». Y, como no puede reconocerlo para crecer, busca al que tiene logros para destruirlo.

Entonces, frente a ello:

- Si eres víctima de acoso o abuso, en cualquiera de las formas en que se manifieste, necesitas saber que no tienes la culpa de nada de lo sucedido.
- Nadie puede ni tiene derecho de desenfocarte de tu sueño. Recuerda que el sueño atrae la provisión, determina con quién te relacionas y quiénes serán tus mentores.
- Aléjate de los que te rebajan y acércate a las personas que te fortalecen. Cuando te acosen, sistemáticamente busca ayuda, no te calles, que no sea un secreto. Libérate de la gente que te lastima y verás que a tu alrededor hay mucha gente que te ama.
- No reacciones con ira porque esto es lo que desea el acosador. Hazlo con sabiduría. Afronta los problemas y recurre a las personas en quienes confías para contarles lo que te está ocurriendo.

> **Gran descanso es estar libre de culpa.**
>
> **Marco Tulio Cicerón**

El acosador querrá angustiar tu alma, querrá hacerte perder la visión. Pero al conocer su estrategia, al saber cómo actúa, enfréntate a él, y no temas. Sé sabio, nadie tiene derecho ni control sobre tu vida, solo tú.

4. EJERCICIOS QUE SANAN

Ejercicio 1: ¡Rompamos el secreto!

Busquemos una persona a quien contarle lo que nos sucede, comentemos lo que nos pasa a nuestros amigos, armemos una red afectiva y no guardemos como un secreto para nosotros el hostigamiento y el abuso. Busquemos ayuda afectiva, y también ayuda legal, y no permitamos que nadie nos maltrate. La violencia es siempre una conducta patológica.

Cuando comenzamos a hablar, cuando somos capaces de romper el secreto poniendo en palabras aquello que sentimos y vivimos, es cuando comenzamos a sanarnos.

> *¿Qué rol cumple el secreto? Solo el de perpetuar el dolor, el trauma. Sepamos que todo aquello que evitamos nos traerá una falsa seguridad.*

Según explica el doctor Jorge Barudy, el secreto respecto del abuso —podemos agregar también el acoso— en primer lugar cumple una función de autoprotección, dado el temor a ser rechazado, culpado o cuestionado. Por consiguiente, el solo hecho de creer a la persona y no rechazarla es, en sí mismo, terapéutico. Esto, más que una intervención es una actitud del terapeuta que le permite validar el relato de la persona por muy disperso, confuso o ambiguo que este aparezca.

La segunda función del secreto es proteger al otro del impacto de la revelación, por temor a que no sea capaz de tolerarlo. Por tanto, una condición terapéutica fundamental en estos casos es la disposición del terapeuta a escuchar los aspectos más terribles de todos estos hechos y su capacidad para tolerar el impacto que, inevitablemente, genera este tipo de contenidos.

> ¿Qué cosa más grande que tener a alguien con quien te atrevas a hablar como contigo mismo?
>
> Marco Tulio Cicerón

Hablar del abuso permite romper el aislamiento emocional propio del secreto, permite objetivar lo ocurrido y contextualizar las propias reacciones. Las personas pueden variar mucho en cuanto a su necesidad de explicitar los detalles del proceso vivido, pero hacerlo siempre es sanador.*

Ejercicio 2: La carta a un personaje simbólico

Se le pide a la persona que redacte una carta a un personaje histórico, una figura literaria, un líder, etcétera. El personaje tiene que ser alguien significativo para quien escribe. En su carta debe explicar a este personaje la experiencia traumática vivida. Unos días después, se le pide que escriba la respuesta que habría deseado recibir de este personaje. También se le puede sugerir a la persona que escoja algún objeto que simbolice al personaje y lo lleve consigo.

Esta carta asimismo se propone crear figuras de apoyo

---

* «Creación de un marco comunicacional que permita integrar el abuso» y «Flexibilidad en la forma de abordar el abuso», *Revista Pshykhé*, vol. 10, n.º 2, Santiago de Chile, 2001, pp. 53-70.

cuando no han existido durante la experiencia traumática y por algún motivo preferimos no recurrir a personas reales.*

5. Preguntas frecuentes

- **¿Cuáles son las técnicas más frecuentes de acoso laboral?**

Son varias: el chisme, atacar la religión, atacar la sexualidad de una persona, la humillación... Estas son las armas más frecuentes de los acosadores. Por eso cuando te critiquen, te humillen, tómalo con humor, y si hay un chisme de por medio, exagéralo, llévalo al ridículo, porque lo que el acosador quiere es que te quedes llorando, que te quedes con rabia o que recurras a la violencia. ¡Sé sabio!

- **¿Por qué cuando me envían más de dos mensajes de texto ya siento que me acosan y me incomodo?**

Cuando eso pasa, lo que hay que hacer es expresarlo, hablar de lo que nos molesta y del motivo, pero evitando un tono agresivo. Preguntar, en lugar de afirmar, puede ayudarnos.

- **¿Cómo arma su grupo el acosador?**

A través de un principio psicológico que se llama obediencia a la autoridad. El acosador o el manipulador busca y arma su red de esclavos, para que hagan el trabajo sucio, para intentar aislar a la víctima que envidian y quieren destruir.

---

* Técnica citada en *200 tareas en terapia breve* de Mark Beyerbach y Marga Herrero de Vega, Herder, Barcelona, 2010, p. 341.

- He vivido acosos de diferente tipo en distintos trabajos, porque como no les conviene despedir al personal para no pagar indemnización te destruyen emocionalmente buscando que renuncies. Yo tengo carácter y me he hecho respetar pero, ¿creen que por ser divorciada con hijos soy presa fácil?

El acoso hay que hacerlo público, hablar con jefes, amigos, armar una red, no aislarse, buscar asesoramiento psicológico y legal si es necesario. Hacerlo público es fundamental para poner un freno. Acuérdate que los animales depredadores, el león por ejemplo, cuando van a tener cría marcan visualmente un territorio y no dejan que entre otro animal. Es decir, tenemos que marcar fronteras claras, firmes, sin agredir al otro y sin permitir, por supuesto, que nos agredan a nosotros.

- ¿Cómo se puede prevenir el abuso sexual infantil?

Para prevenirlo hay algunos puntos a tener en cuenta:

– Tenemos que hablar con nuestros hijos de sexualidad, como algo normal, como un tema más que forma parte de la familia.

– Cada hijo tiene que dormir en su propia cama, y tenemos que explicarles que el baño y el dormitorio son lugares privados.

– Tenemos que enseñar a nuestros hijos que nadie, bajo ningún concepto, debe tocar sus genitales, ni ellos tocar los genitales de nadie.

- Mi familia hizo oídos sordos a lo que me sucedió. «Aquí no pasó nada», fue la consigna. Todos guardamos un secreto, pero esta situación quedó dentro de mí, y hasta que no me animé a hablarlo con al-

guien no pude ni siquiera pensar en superarlo. ¿Con el paso del tiempo podré olvidar?

En la mente el tiempo no pasa. La persona que tuvo una experiencia traumática hace veinte años la revive como si hubiese sucedido hace veinte segundos. Si no puedes hablarlo con tus padres, busca la ayuda de un profesional de confianza para romper el secreto. Cuando expresamos lo que tememos, deja de ser peligroso. Antes a las personas que habían sufrido abusos se las llamaba «víctimas». Ahora preferimos llamarlas «sobrevivientes». Hay algo que se descubrió hace unos años, la «resiliencia»: significa rebotar. La resiliencia es la capacidad de transformar los dolores y las experiencias difíciles en fortaleza. Esa enorme capacidad la tenemos todos los seres humanos.

> La experiencia no es lo que te sucede, sino lo que haces con lo que te sucede.
>
> **Aldous Huxley**

6. RECURSOS ESPIRITUALES

No trates de cambiar a otra persona. No te digas: «Voy a ofrendarme en sacrificio por él, para que suelte todo lo bueno que tiene en el fondo.» ¡No pierdas el tiempo! La única persona que puedes cambiar eres tú misma. Si sacas a la luz lo oscuro que hay en tu interior, lo que te parecía debilidad se transformará en la mayor fortaleza de tu vida y te ayudará a seguir adelante. ¡Bucea en tu interior! No niegues tus emociones, saca todo lo que «parece negativo». No rechaces la posibilidad de tomar decisiones, porque otro decidirá por ti y no será aquello que tú quieras.

Date valor. Tu valor no depende de la puntuación de otros, depende de ti. Empieza a contar tus bienes, conoce tu patrimonio, valora en qué eres bueno, y cuando lo hagas, nadie lo podrá discutir ni negar.

> Cualquier camino que elijas será el correcto, siempre y cuando sea tu decisión.
>
> **Héctor Suárez G.**

No preguntes: «¿Te parece que lo he hecho bien?», «¿Es acertado lo que hice o dije?». Si te fue bien, ¡bien!, y si te fue mal, no importa, la próxima vez lo harás mejor. ¡Date valor! No permitas la violencia en tu vida, que te acosen ni que te manipulen; no lo hagas tú con nadie. Lo que quieres que te hagan, hazlo a los demás, y lo que no quieres que te hagan, no lo hagas. Reconoce que fuiste o que eres víctima de una situación que no has buscado, y cuando lo hagas, sal de ese lugar.

En el área donde fuiste acosado, manipulado, en el área donde te dijeron que eras un desastre, allí está tu punto fuerte; si lo sueltas, el resultado será éxito tras éxito.

9

TRANSFORMANDO «LOS RECUERDOS TRISTES» EN OPORTUNIDADES DE CRECIMIENTO

1. NO TENGO GANAS DE NADA

La mayoría de las personas, en algún momento de sus vidas, frente a determinadas circunstancias que les preocupan, que les molestan, cuando las cosas no salen como habían planeado, sienten que su ánimo no es el de siempre, que para moverse tienen que darse cuerda. El tono de voz cambia, y la melancolía comienza a aparecer en el rostro. Y como la mayoría de las veces no se puede disimular, es inevitable recibir esta pregunta:

—¿Qué te pasa, estás triste?

A lo que se suele responder:

—Sí, no sé... sí, un poco triste.

Comencemos entonces por definir el término «tristeza». La tristeza es una emoción que nos tira hacia abajo —por eso solemos decir que tenemos un «bajón»— y hacia dentro. No queremos ver a nadie, no queremos hacer nada, no tenemos ganas de salir, no tenemos ganas ni de ducharnos ni de vestirnos, y la mayoría de las veces no queremos ni hablar.

Si el enojo nos hace pelear o huir,
la tristeza nos hace abandonar.

Cuando estamos tristes, sin fuerzas para hacer nada, sentimos que tenemos ganas de «tirar la toalla». Existe una gran diferencia entre tristeza y depresión, que necesitamos tener claro para evitar que «un simple bajón» nos haga pensar que estamos a punto de caer en una profunda depresión.

Estar triste no es lo mismo que estar transitando una etapa de depresión: cuando una persona tiene depresión, siente tristeza, pero no toda persona triste sufre una depresión.

Quien tiene depresión no solo siente tristeza, además su autoestima está dañada. Se dice: «No sirvo», «No valgo», «Nadie me quiere». Mientras que en la tristeza la persona no tiene ganas ni voluntad para actuar como lo hacía antes, pero su autoestima está sana.

> **La tristeza es una enfermedad en la que cada paciente debe tratarse a sí mismo.**
>
> **Voltaire**

2. CARA DE NADA

Todos necesitamos por lo menos tres personas a quien contarles nuestra tristeza. Nunca tienes que cargar solo con tu tristeza, necesitas personas cercanas a las que les puedas contar cómo te sientes.

Es importante poner en palabras las emociones, no negar la debilidad emocional, no taparla, ni esconderla. Muchas personas padecen lo que llamaremos «analfabetismo emocional».

¿Qué quiere decir esto? Que frente a sí mismos, al encontrarse con ellos mismos no saben lo que sienten, no entienden lo que les pasa. Son personas que han bloqueado la capacidad de reconocer sus emociones; en especial esto le sucede a los hombres.

Les preguntas:

– ¿Estás triste?
– ¿Estás contento, qué te pareció la noticia?
– ¿Estás enojado, te pasa algo?
– ¿Quieres contarme algo?

Y recibes como respuesta un rostro sin expresión, sin gestos que dejen ver ninguna emoción.

> ¿Estás triste? Busca a otra persona triste y consuélala: encontrarás la alegría.
>
> **Rabindranath Tagore**

Nos quejamos, estamos contentos, nos quejamos, estamos tristes, amargados. Sin embargo, no sabemos ver qué estamos sintiendo, poner en palabras eso que estamos sintiendo.

La cultura machista nos ha hecho creer a los varones que llorar, sentirnos mal, tener un bajón, no es cosa de hombres. Entonces, aun frente a los hechos más traumáticos y más dolorosos, no dejamos salir nuestras emociones, nuestro dolor, porque siempre tenemos que estar bien. Es de hombres mostrarse siempre fuertes. Entonces, los que tenemos cerca suelen confundirse, piensan que delante de ellos hay una persona que no puede sentir nada, que es indiferente, que todo le da lo mismo.

Pero sepamos que no es así.

Callar, tapar, congelar, esconder una emoción, daña mucho más a la persona que lo hace que a su entorno. Pero el exterior, al no poder comprenderlo, tiende a alejarse. Y al sentirnos solos o al no saber qué hacer para relacionarnos con los otros, surge la tristeza.

El 99 por ciento de nuestro trabajo son relaciones inter-personales. Nos contratan por lo que sabemos pero promocionan a los que son capaces de relacionarse mejor con los demás. Al poder relacionarnos mejor, comenzaremos a expresar lo que estamos viviendo interiormente.

> **El éxito de un hombre no se mide por sus triunfos sino por la capacidad de superar los fracasos.**
>
> **Jorge Vidaurreta**

Para poder ser libres, para vivir y relacionarnos mejor, necesitaremos sanar nuestra alma y nuestra mente, sabiendo siempre que tenemos capacidad de sobreponernos a todo.

3. EJERCICIOS QUE SANAN

Ejercicio: Sumar lo positivo

Cada vez que venga a tu mente un recuerdo triste, agrégale o evoca un recuerdo positivo. Al hecho que te generó ese recuerdo triste añade el recuerdo de algo bueno que haya sucedido antes y después de ese hecho que te entristece: cada vez que venga esa foto desagradable, simultáneamente súmale ese otro recuerdo bueno.

Por ejemplo: una mujer tuvo un parto complicado cuando nació su primer hijo y de ello resultaron graves problemas de salud. Ahora, cuando se acerca el nacimiento de su segundo hijo, seguramente los recuerdos difíciles de su primera experiencia se repitan todo el tiempo, con lo cual un momento de felicidad se transforma en un momento de tristeza, de miedo y de preocupación.

A esta mujer se le puede indicar que, cada vez que venga a su mente todo lo que vivió en esa sala de parto, comience a recordar el día que supo que estaba embarazada, o la primera ropita que compró para su bebé, y luego que piense en el día que dejó el hospital con su hijo en sus brazos. Cada vez que venga el recuerdo triste, que sume estas dos nuevas fotos.*

La emoción es una reacción ante una idea o ante un recuerdo negativo que tenemos: pienso algo de hoy o recuerdo algo del ayer, y siento tristeza. Pero si ponemos en práctica esta técnica, los recuerdos tristes comenzarán a desaparecer. Las acciones positivas destruyen las emociones negativas.

4. PREGUNTAS FRECUENTES

- **Estoy tan mal que me molesta ver a otros felices, hasta me molesta que se rían a mi lado, ¿por qué estoy tan triste?**

Lo primero que tienes que hacer es meditar sobre algún texto que te hace bien, leerlo y ver qué te provoca. ¿Qué es meditar? Algunos piensan que meditar es dejar la mente en blanco, es mantener una postura. Sin embargo, aunque traten de imitar a otros en realidad no están haciendo nada. Si estás triste medita sobre un contenido bueno, algo útil, que te sirva, no medites sobre el problema, no sigas hablando de él. Piensa en todo aquello que has podido resolver. Si tu problema es económico, piensa de cuántas situaciones difíciles

---

* Adaptación de la técnica de Giorgio Nardone, *Psicosoluciones*, Herder, Barcelona, 2002.

saliste, en todo lo que has ayudado a los que lo necesitaban y en tantas oportunidades. Y piensa que así como tú los ayudaste, alguien te va a ayudar a ti. Y medita hasta que la palabra se haga una contigo.

Así es como comenzarás a mirar a partir de ahora ese problema.

- **¿Por qué a veces estoy muy triste, aunque en realidad no sé cuál es el motivo?**

El hecho es que muchas veces no le damos el verdadero valor a todo lo que hacemos, a nuestra propia vida. Si lo hiciéramos nos sentiríamos mucho más felices, y con ganas de disfrutar de cada paso que damos en el día a día. Teresa de Calcuta dijo: «A veces, sentimos que lo que hacemos es tan solo una gota en el mar, pero el mar sería menos si le faltara una gota.»

- **Cada vez que me acuerdo de un hecho triste del pasado es como si volviera a sentirlo de la misma forma. ¿Cómo puedo hacer para recordarlo, pero sin tristeza?**

Søren Kierkegaard escribió: «La vida solo puede ser comprendida mirando hacia atrás, mas solo puede ser vivida mirando hacia delante.» Cuando una persona atraviesa un hecho doloroso o traumático, nada vuelve a ser igual en su vida.

A partir de este hecho comienza un cambio, un crecimiento; hubo un antes y habrá un después. Por eso tenemos que darle a nuestro futuro un nuevo significado, volver a tomar el control de nuestras vidas y comenzar a construir en ese después de aquel hecho que nos causó dolor. Con la ayuda correcta podremos hablar de nuestro pasado pero sin dolor.

- **¿Por qué a veces teniendo todo me siento triste igual?**

Muchas personas hacen cosas para satisfacer las necesidades de los otros pero nunca hacen lo que a ellas realmente les agrada y les hace sentirse bien. Vivir por y para los demás suele provocarnos tristeza al cabo de un tiempo. La actividad y el hiperactivismo no tienen sentido sin un propósito real, si no están enfocados a nuestro sueño. La persona feliz es una persona que sabe el para qué y el por qué de su vida, su propósito, y cuando lo sabe, no solo ella es feliz sino que hace feliz a todo su entorno.

- **Muchas veces me siento triste y contagio mi estado de ánimo a todos los que me rodean. ¿Qué puedo hacer para no ser una persona tóxica para los demás?**

En primer lugar, si estás pasando por un hecho doloroso, por una tristeza reciente, los demás tendrán que saber que estás atravesando un momento especial y que necesitas expresar tu dolor. Si este malestar interno es permanente, tienes que buscar una ayuda idónea para poder sentirte bien contigo mismo y en paz. Solo así podremos ser agentes de cambios positivos para todos aquellos que nos rodean.

Quizá por alguna razón, en algún momento de la vida perdiste la alegría. Antes eras más alegre, más divertido y, de repente, algo pasó. Sin embargo, la alegría no se pierde porque sí, simplemente porque sentimos que la vida fue dura con nosotros, sino porque no estamos seguros de nuestra capacidad para enfrentar dichas circunstancias. La falta de seguridad en nosotros mismos es lo que nos pone tristes.

Estamos tristes, perdimos la confianza en nosotros, en

nuestra capacidad, y perdimos la alegría. Por ejemplo, decimos: «Me fue mal en el amor, ¿qué voy a hacer si tengo otra pareja? Con esto que me pasó, con este dolor, con este fracaso, con esta traición... ¿Me irá bien? ¿No me irá bien?» Sin embargo, hay algo que podemos hacer para recuperar la alegría, y es recuperar la confianza y la seguridad en nosotros mismos.

> La confianza en sí mismo es el requisito para las grandes conquistas.
>
> Ben Johnson

Siempre hay una nueva oportunidad, en lo laboral, en lo económico, en lo familiar, en lo emocional. En la vida todos queremos ganar y ser felices y eso está muy bien.

¿Y cómo hacemos para recuperar la confianza? La confianza no es algo que el otro nos puede dar, la confianza es una actitud que tienes que tener. La actitud la activamos desde nuestro interior, cuando nos damos ánimo a nosotros mismos, cuando nos motivamos, cada vez que tomamos aliento y nos decimos: «Tengo que salir de ese estado, me tiene que ir bien, tengo que ganarle a esta situación, a esta desgana, tengo que superarme, lograr algo más.» Darnos confianza y aliento es algo que solo nosotros podemos hacer.

Frente a una situación triste reconozcamos qué cosas, qué circunstancias, qué personas nos hacen mal. Reconozcamos cuáles son los factores o las causas que nos causan tristeza, aprendamos a decir que no a lo que nos lastima, pongamos límites a las personas. Empecemos a respetarnos reconociendo lo que podemos y lo que no podemos hacer, sin asumir mochilas ajenas que no nos compete llevar.

5. RECURSOS ESPIRITUALES

Al comienzo, en el primer tramo de nuestro dolor habrá personas que estarán dispuestas a darnos una mano, a acompañarnos, pero habrá un tramo que tendremos que hacer solos, nadie podrá acompañarnos. Quizás en esa etapa pienses:

Ahora que ya ha pasado un tiempo, todos se han ido;
en los buenos momentos estaban todos,
pero ahora no hay nadie.
Antes llamaban siempre para invitarme a salir,
y ahora que estoy mal no aparecen.

Sin embargo, para que nuestro dolor sea sanado tiene que ser así. Hay una etapa en la cual estaremos solos con esa circunstancia, pero sabiendo que somos capaces de superarla, de atravesarla, de crecer aún más, de ver lo bueno que hemos aprendido de ella, y luego volver a dedicarnos a nuestra meta, a nuestro sueño. Recuerda todas aquellas situaciones tristes que has pasado, y recuerda también que de todas ellas has salido recuperado y fortalecido. Al tenerlas en tu mente, podrás saber que si de todas ellas has podido salir, de la situación que estás viviendo también saldrás. Los recursos están en tu interior. Los demás, en tanto seres humanos que son, como nosotros mismos, pueden fallarnos. No deposites tu total confianza en los otros, ni dejes que ellos la pongan en ti. Cuando le pidas algo a alguien dos veces y no te lo dé, libéralo. Si no te lo da, es porque no lo puede hacer. Siempre había pensado que cuando la gente no hacía las cosas era porque no quería pero, con el paso de los años, he descubierto que la gente no lo hace porque no puede.

Libera a la gente que no puede hacer
lo que le estás pidiendo, y sal a buscar
a otra gente que sí lo puede hacer.

Y sepamos que podemos estar angustiados, tristes por muchas situaciones, pero no estamos destruidos por ellas. Podemos estar indecisos, confundidos, pero ningún problema que se nos presente tiene la capacidad de desesperarnos, nosotros tenemos el control. Podemos sentirnos perseguidos por una injusticia, por una acusación, por una traición, por una infidelidad, pero ninguno de estos hechos que recibimos de los otros podrá hacernos sentir solos, ni que hemos sido abandonados, ni que a nadie le importamos. Aunque pensemos que jamás saldremos de la situación que estamos viviendo, no es así. Nada puede destruirnos.

¿Sabes por qué?

Porque todos tenemos dentro nuestro un espíritu tan grande y tan poderoso, que dondequiera que vamos, dondequiera que estemos, Él está. Es el Espíritu de la Vida, el que nos da fuerza, energía, valor, dominio propio, para ser capaces de salir adelante y de crecer ante cualquier tristeza, ante cualquier dolor. Como dijo Hemingway: «El mundo nos despedaza a todos, pero solo unos pocos se hacen más fuertes allí donde han sido despedazados.»

En el ser humano no tiene poder la mala suerte, sino la vida que está por delante, y la actitud que desarrollemos frente a ella.

> El propósito de la vida es vivirla, disfrutar de la experiencia al extremo, extender la mano con impaciencia y sin miedo a vivir experiencias más nuevas y más enriquecedoras.
>
> **Eleanor Roosevelt**

10

TRANSFORMANDO «LOS MIEDOS Y LAS FOBIAS» EN VALOR PARA ENFRENTAR

1. SIENTO QUE SE ME CIERRA EL PECHO

Una de cada ocho personas en algún momento ha tenido, tiene o tendrá fobia social, o timidez, o sentirá ansiedad frente a la gente. Para distinguir de qué estamos hablando cuando nos referimos a fobia social, a timidez y a introversión, te animo a que hagas este test:

- ¿Te sientes ansioso si tienes que participar en una reunión?
- ¿Te sientes cómodo cuando te presentan a alguien?
- ¿Te sientes observado cuando entras en una sala con gente?
- ¿Tratas de evitar las situaciones donde te tengas que encontrar con gente?
- ¿Te pone incómodo comer delante de los demás?
- ¿Te pone nervioso hablar con gente de autoridad?
- ¿Te cuesta entablar relaciones con el sexo opuesto?

> **El miedo es natural en el prudente, y el vencerlo es lo valiente.**
>
> **Alonso de Ercilla y Zúñiga**

Muchas personas responden con gran dificultad este test sencillo sobre fobia o ansiedad social. Es frecuente que, por ejemplo, frente a un examen oral en la universidad, los estudiantes se bloqueen, que sientan una gran ansiedad social. Comer en un restaurante o sentirse observados por extraños también causa un gran malestar a los que padecen de este tipo de fobia. Por eso, se prueban varias veces la ropa que van a ponerse, suelen vestirse de una manera poco natural, usan gafas de sol para que nadie los mire a los ojos. Se sienten observados y vigilados, tratan de cubrirse al máximo.

El corazón de la fobia social o del miedo a la gente es la evitación: la persona evita encontrarse con los demás, hablar. Muchas personas dicen que no pueden formar pareja, y eso sucede justamente por el gran bloqueo, el miedo que sienten frente al rechazo.

Por todo esto podemos definir a la fobia social como el miedo exagerado a sentirse humillado, juzgado, evaluado y rechazado por los demás, ya sea en una reunión social, en un ambiente de trabajo o frente a una persona del sexo opuesto. Y ese miedo que la persona siente, la paraliza: es la característica fundamental de una fobia y quien lo padece sufre tremendamente. ¿Alguna vez te pasó que no pudiste presentarte a un examen, o que te interesara una persona y no pudieras hablarle delante de otros por miedo a sentirte observado? Muchas personas, por el solo hecho de viajar en tren se ruborizan porque sienten que los demás pasajeros los miran.

- *Timidez quiere decir «asustarse»*. En ese sentido, todos somos tímidos. La timidez es un miedo ocasional, que aparece naturalmente y que se manifiesta en una determinada área de nuestra vida.
- *La fobia es un miedo irracional*, persistente, que se manifiesta en la persona con gran angustia.

¿Qué síntomas manifiestan las personas que tienen fobias?

Se ruborizan.
Se desmayan.
Se marean.
Sienten dolor de estómago.
Sienten un profundo miedo a ser humillados, rechazados y evaluados.

Es importante distinguir la fobia social de la introversión. Ser introvertido «es una manera de ser», es algo normal. Hay personas que se eligen para estar consigo mismas, se sienten bien en su propia compañía, y al mismo tiempo cuando lo deciden pueden relacionarse con los demás, pero eso no les interesa especialmente porque su mundo interno es muy fuerte.

> La timidez es una condición ajena al corazón, una categoría, una dimensión que desemboca en la soledad.
>
> **Pablo Neruda**

Las personas que padecen fobias quieren relacionarse con los otros pero les cuesta mucho hacerlo.

2. MIEDO NO ES FOBIA

¿Quién no ha tenido miedo alguna vez? El miedo es una experiencia normal, universal, que nos protege frente a un peligro real o imaginario. Es distinto de la fobia que, como dijimos, es un miedo irracional y persistente que se hace visible porque la persona comienza a transpirar, siente mareos o muestra otros síntomas que limitan su mundo social. Se puede tener fobia a casi todo, por ejemplo:

- *Ablutofobia:* miedo a bañarse.
- *Ergofobia:* miedo al trabajo.
- *Atrofobia:* miedo a los médicos.
- *Insectofobia:* miedo a los insectos.

Y así podríamos seguir, escribiendo una larga lista. En todos los casos, las personas que tienen fobias son proclives a la ansiedad. Dentro de los trastornos de ansiedad, además de las obsesiones, los traumas,

> **A lo único que debemos temer es al miedo mismo.**
>
> **Anónimo**

etcétera, están las fobias. ¿Por qué hay personas más proclives a la ansiedad? Para explicarlo de una manera sencilla, te propongo esta fórmula:

$$Personalidad\ vulnerable + estrés = ansiedad$$

La *personalidad vulnerable* está compuesta por un conjunto de características: baja estima, hiperexigencia, dependencia y, a veces, necesidad de controlar. Cuando una persona con esas características pasa por situaciones de estrés, se desencadena la ansiedad. En algunos casos, esa ansiedad puede crecer hasta convertirse en un ataque de pánico, una sensación que dura unos minutos pero parece una eternidad. Literalmente la persona se siente morir. Aparece una sensación de muerte inminente junto con muchos síntomas físicos. Frente a una situación de este tipo es muy importante tener claro dos cosas:

> Libérate de la ansiedad, piensa que lo que debe ser, será, y sucederá naturalmente.
>
> **Facundo Cabral**

1. *Nadie se muere por trastornos de ansiedad.* Es común que las personas que padecen estos trastornos sientan taquicardia, una opresión en el pecho, pero cuando el cardiólogo les hace un chequeo no encuentra nada malo.

2. *Nadie se vuelve loco por los ataques de ansiedad*, es decir, por las fobias o los ataques de pánico. Esto es bueno aclararlo, porque mucha gente en esos casos dice: «Tengo miedo a enloquecer.»

¿Qué podemos hacer si tenemos un ataque de pánico o una crisis de ansiedad?

Estos ejercicios nos ayudan a enfrentarlos:

- Centrarnos en la respiración: inspiramos, retenemos (tanto tiempo como podamos) y exhalamos lentamente. Estos pasos se repiten diez veces. Hacer este ejercicio en algún momento del día nos relaja y nos vuelve a conectar con nosotros mismos.

- Desdramatizar. Todas las cosas tienen su lado positivo y negativo; a veces un error o una desorganización puede traer un pensamiento creativo. En nuestra mente tenemos que elegir las voces internas, tenemos que elegir entre «jugar con el aliento de nuestra afición» o «jugar de visitantes», tenemos que motivarnos internamente, decirnos cosas positivas, no esperar que nos motiven los otros. Tenemos que decir a qué le tenemos miedo: cuando expresamos lo que tememos, esto deja de ser peligroso.

3. ¿CÓMO DEJAR ATRÁS LA FOBIA SOCIAL?

En primer lugar es necesario cambiar los pensamientos catastróficos: «Me van a rechazar», «Parezco ridículo», «Me van a decir que no», «Me están juzgando». Son pensamientos automáticos que llevan a una persona a descartarse a sí misma por pensar que va a suceder lo peor en cualquier cosa que hagan.

Cuando nos comunicamos con los demás, todos tratamos de entender qué le pasa al otro. Por ejemplo, podemos preguntar: «¿Cómo estás?, no te veo demasiado bien», es decir, tratamos de leer el pensamiento. Pero si en cambio decimos: «Te aburro con lo que te estoy diciendo, ¿no?», hay una distorsión en la comunicación. En la fobia social, en el miedo a la gente, esa lectura de pensamiento es constante y siempre es catastrófica. Se calcula que la mitad de la gente que tiene fobia social ha pasado por una experiencia humillante en su infancia, una experiencia de encierro, de burla, de maltrato, de descalificación, fundamentalmente por parte de sus padres. Por eso nunca tenemos que humillar a nuestros hijos, pegarles, lastimarlos ni física ni verbalmente bajo ningún concepto: la violencia nunca es un método educativo, no sirve en absoluto, todo lo contrario, destruye.

Todo ser humano necesita ser valorado, motivado, felicitado, para que de su interior pueda surgir lo mejor de sí mismo. Cambiar la cultura de la descalificación por una cultura positiva de valoración y bendición hará que la persona pueda dar lo mejor que tiene para dar.

4. EJERCICIOS QUE SANAN

Ejercicio: Cambiar de afuera hacia adentro, enfrentando la situación tan temida

Imagina que puedes estar pasando la peor situación, el momento de fobia o el ataque de pánico. Y toma nota de las situaciones, lugares, momentos, actividades que temes enfrentar.

Al recordar lo que tanto miedo te causa, imaginando esa situación en forma reiterada, la ansiedad va a disminuir gradualmente y vas a progresar hasta que la situación que antes te provocaba tanto miedo ya no te resulta tan peligrosa o difícil.

La gente que a causa de una experiencia traumática sufre trastornos de ansiedad casi siempre debe luchar contra la evitación durante el tratamiento. Los impulsos a evitar son comprensibles, pero no combatirlos hace que el miedo tenga aun más poder y la ansiedad siga siendo la raíz del trauma. Si te animas a cortar ese miedo en pedacitos, vas a comprobar que no es tan grande como parece y podrás enfrentarlo. Cuando una situación se vuelve demasiado difícil para afrontarla, tienes que encontrar la manera de hacerla más llevadera y reducir así su efecto.

Piense qué puede hacer para sortear ese muro que ha levantado a su alrededor para protegerse de sus emociones. Desafortunadamente, no hay otro camino hacia el otro lado del dolor que atravesarlo. Juéguese, permítase experimentar todo lo que debe sentir y podrá cruzar al otro lado. Si se protege mucho, puede quedarse estancado donde está.*

Muchas veces pedirle a alguien que nos ayude en el momento de enfrentar esa situación nos permite manejar la angustia de una manera mucho más favorable. Y por último necesitamos tratar de descubrir, de sacar a la luz aquellas situaciones que inconscientemente evitamos enfrentar. Si tratamos de evitarlas, será difícil la mejora. Cuanto más podamos ponerlas en el afuera, más rápidamente veremos la mejoría.**

Hay algunas señales a tener en cuenta. No se trata de preocuparnos y cargarnos de ansiedad, sino de ocuparnos con inteligencia. Especialmente si se ve que una persona limita su mundo social, deja de salir, deja de tener amigos, de cultivar sus redes afectivas; o que tiene ideas delirantes, que comienza a manifestar que la vida no tiene sentido, que no sabe para qué vivir. En esos casos, tenemos que ayudarlos a encontrar un tratamiento que los vuelva a insertar en el mundo que los rodea y con el cual tienen que relacionarse.

> Nunca dejes de recordar que el mero hecho de existir es divertido.
>
> **Anónimo**

Recordar no es peligroso, aunque tener que evocar o revivir una situación desagradable no nos cause placer. Ver esa situación no es igual a tener que volver a pasar

* Tomado de *Recuperar su vida después de una experiencia traumática*, de Elizabeth Hembree, Barbara Olasov Rothbaum y Edna Foa, Sapsi, Buenos Aires, 2008.
** Ídem.

por ella, no significa reencontrarse con el trauma y volver a traumatizarse. Estar angustiado no es peligroso, recordar con el asesoramiento de un terapeuta ayuda a que esa situación fóbica deje de tener poder.

Al llevar a cabo esta técnica podremos ver que la persona que está pasando por una situación de miedo o de fobia no deja de sentir la razón ni el control de su vida al pensar que no puede más con esa situación, sino que se da cuenta de que esa ansiedad no durará para toda la vida.

Si algo deja de ser peligroso, podemos
volver a pensarlo ahora desde otro lugar.

Sepamos que un problema no tiene una solución, tiene muchas. Necesitamos ampliar los recursos internos, volver a activar la fe, saber que el Creador está de nuestro lado y que todo problema se puede resolver de distintas maneras. Tenemos que aumentar el número de salidas de emergencia, buscar nuevas alternativas para expresar nuestras emociones, ampliar nuestras redes afectivas, y enriquecer nuestro mundo interior. Compremos más experiencias y menos objetos. Está demostrado que cuando tenemos vínculos positivos, sin necesidad de que sean muchos, tenemos una red afectiva que nos escucha y nos hace sentir amados. Esto es muy importante.

Busca dentro de ti la solución de todos los problemas, hasta aquellos que creas más exteriores y materiales.

Amado Nervo

¡Recuperemos las esperanzas, tenemos estrategias
para vencer todos nuestros miedos y lo podemos hacer
de muchas maneras!

En un geriátrico se hizo la siguiente investigación: un grupo X de ancianos recibió plantas para que las cuidaran y más tarde se observó que la salud de las personas a las cuales les habían encargado esa responsabilidad había mejorado notablemente. Ayudar al otro, sembrar en el otro, acompañar, cuidar, es energizante, algo poderoso que le da sentido a nuestro mundo interior.

El arte de vivir no consiste en eliminar los problemas, sino en crecer con ellos.

Del sufrimiento han surgido las almas más fuertes.

Khalil Gibran

Si tenemos un familiar que padece una fobia profunda, un amigo que atraviesa una crisis, es fundamental buscar ayuda profesional, ampliar la red afectiva.

5. PREGUNTAS FRECUENTES

- **¿A pesar de las terapias con psicólogos y psiquiatras siento que he perdido todos los sueños que tenía, me cuesta comprometerme con las actividades que me proponen. ¿Eso es fobia social?**

La ansiedad nos lleva a sentirnos mal, y nos hace evitar determinados lugares y compañías, pero a través de todas las técnicas que hoy se ponen en práctica el pronóstico de las terapias es excelente.

- **¿Qué es el miedo al miedo?**

Es la ansiedad anticipatoria, es decir, la que surge al anticipar que va a pasar algo malo. La ansiedad es normal frente a un peligro real, pero cuando la generan peligros imaginarios de manera constante y desproporcionada es una emoción negativa.

- **Me molesta muchísimo oír masticar, ¿es fobia?**

A mucha gente le pasa eso. Hay distintas teorías acerca del motivo. Es recomendable consultar con un terapeuta, que a través de una serie de preguntas investigará un poco más esa sensibilidad, para saber cuál es su origen psicológico.

- **¿Los niños pueden tener fobia social?**

Efectivamente, hay muchos chicos que se esconden detrás de la madre, no tienen amigos, no quieren ir al colegio. Lo importante es preguntar a nuestros hijos qué les sucede. Este es el mejor diagnóstico y, por supuesto, hacer terapia para ir enfrentándose e imponiéndose a las situaciones que generan la ansiedad. Al mismo tiempo, es útil ir cambiando determinadas creencias, como por ejemplo, «Si me equivoco sería fatal», «Si me ven así me van a rechazar».

- **¿La fobia social se medica?**

La fobia social se trata con medicación y con terapia. Ambas están orientadas a permitir que el paciente comprenda que la crítica y la mirada del otro es solo una opinión.

6. RECURSOS ESPIRITUALES

Una de las cosas que todas las personas necesitamos volver a sentir es placer. Nos enseñaron que todo lo que trae placer es malo, y de ese modo, sin intención, nos programaron para tener miedo de correr riesgos.

Lo placentero siempre era sospechoso, peligroso, porque

podía llevar al libertinaje, a la adicción, a lo malo. Sin embargo, todos hemos nacido para estar bien y para disfrutar de la vida, y está en nuestro interior la capacidad de vencer cualquier fobia, cualquier miedo frente al cual nos encontremos. Dale placer a tu alma, haz durante más tiempo aquello que te guste, aquello que te apasione, siente placer en las relaciones que eres capaz de crear y sostener en el tiempo, disfruta de una buena comida. Todos esos placeres liberan una hormona interna llamada endorfina, que nos hace sentir maravillosamente bien. Cada situación es especial y tenemos que disfrutarla; no esperemos al mañana, tenemos que disfrutar hoy.

> **Poder disfrutar de los recuerdos de la vida es vivir dos veces.**
>
> Marco Valerio Marcial

Y no les des lugar a las voces que te hacen sentir culpable por aquello que hoy puedes disfrutar, ni les des explicaciones; todo lo que tienes te pertenece, disfrútalo sin darle justificativos al resto de la gente. Aprendamos a disfrutar en todo momento. Podemos disfrutar de un coche nuevo y de un modelo de 1970; podemos disfrutar en una casa grande y en una casa pequeña. Si las circunstancias son difíciles, las voy a disfrutar, y si son de bendición, las voy a disfrutar igualmente. No estoy atado a las circunstancias, no son las circunstancias las que me hacen disfrutar, el disfrute está dentro de mí y donde yo voy, lo libero.

Cuando una persona disfruta, cambia la atmósfera,
todo empieza a oler de otra manera,
y la fobia ya no tendrá lugar en su vida.

Es difícil explicar qué es el placer, porque es una experiencia. ¿Cómo le explicas a alguien el placer de comer un bombón de chocolate? ¿Cómo explicamos qué gusto tiene? Si ya lo has probado, te ha quedado registrado; por eso cuando lo ves, tu cerebro dice «¡ah!... qué exquisito». Ya lo has comido, eso es lo sabroso. Así es el placer. Yo puedo hablarte del placer pero lo más importante es que tú puedas experimentarlo. Como alguien dijo: «La vida no es una lucha a vencer, sino un milagro a disfrutar.»

11

Transformando «los celos» en autoestima

1. Parece el ojo que todo lo ve

¿Te ha pasado estar con una persona que cela cada paso que das, cada movimiento, que necesita saber dónde estás, con quién, a qué hora has salido, a qué hora llegarás, que tiene grandes impulsos de tomar tu teléfono móvil y revisar todos los mensajes, o que suele adivinar e interpretar las respuestas que das a la persona que está hablando contigo? Un dato nuevo que le aportes hace que nuevamente dude, como si le mintieras, y vuelve a indagar, a buscar en las profundidades del pasado para ver qué puede encontrar. Quizás estás ahora o en alguna ocasión has estado junto a una persona que se comporta de esa manera, o tal vez tú mismo tengas estas actitudes.

¿Qué es lo que nos impulsa a sentir celos de tal manera al otro, como si fuera nuestra propiedad o una prolongación de nuestra vida?

Los celos se originan por el miedo a perder algo. Tengamos en cuenta que en medio de una situación de celos intervienen tres personas, el celoso, el objeto o la persona que se tiene miedo de perder, y el que viene a «robar» ese algo o alguien que tenemos. La mayoría de los crímenes pasionales tienen que ver con los celos, y también un gran porcentaje de casos de violencia familiar.

Se puede sentir celos de una pareja, un niño puede estar celoso de que la madre o el padre hablen con otros chicos, se pueden sentir celos de amigos, del trabajo... Podemos sentir celos por todo lo que tenemos, porque sentir celos es miedo a perder lo que sea.

> De cualquier forma los celos son en realidad una consecuencia del amor: os guste o no, existen.
>
> Robert Louis Stevenson

Las personas que fueron maltratadas física, emocional o espiritualmente se dedican a vigilar y a controlar a todo el mundo como una forma de liberar ese dolor, esa rabia y ese deseo de venganza sobre otros. Pero los celos pueden ser destructivos, pueden causar violencia, pueden matar o provocar suicidios.

El circuito de los celos funciona así:

a) **Aparición de una amenaza.** La persona siente que hay un tercero, real o imaginario, que viene a quitarle la pareja, el trabajo, el amigo, o lo que fuese. Y ve a ese tercero como un ladrón.

b) **Control.** El celoso empieza a controlar, vigilar, revisar, seguir, para descubrir la evidencia que asegure que eso que él pensaba, es decir, que el tercero viene a robar, es cierto. Si no le alcanza con la mirada va a empezar con un interrogatorio. Al celoso se le dan respuestas pero no le alcanzan y vuelve a preguntar, interpretando a su manera e insistiendo para que le vuelvan a contar.

c) **Prohibición.** Muchas mujeres creen que sentir celos por ellas es sinónimo de ser amadas.

d) **Perdón.** El celoso pide perdón, llora, regala cosas, hace invitaciones; vuelve a la normalidad hasta que aparece de nuevo un tercero, real o imaginario.

e) **Profecía autocumplida.** Efectivamente, el miedo a perder se cumple, la persona se va. El miedo cumple lo que tú temes. El miedo es fe en lo malo; y la fe funciona para bien o para mal.

Si no tengo el permiso para tener, tengo el permiso para perder. El celoso tiene miedo a perder, porque no tiene el permiso interior de tener.

Seguramente, una persona celosa no tuvo la confianza de los padres, creció en un hogar donde los padres se engañaban, en un ambiente de violencia, donde el padre o la madre siempre se descalificaron. Vivió en un lugar de abandono, en un lugar donde los padres no confiaban, es por eso que en su presente tiene miedo a perder lo que hoy ha logrado tener. Cuando un celoso le dice a su novia

Los celosos son los primeros que perdonan, todas las mujeres lo saben.

Fiodor Dostoievski

o a su esposa: «No me engañes, ten cuidado con lo que haces, con los lugares adonde vas», en realidad es él quien desea engañar, pero como no lo acepta lo proyecta en su pareja.

Otra de las características de las personas celosas es que generan con el otro un lazo llamado «apego». Esto significa que proyectan en el otro cualidades que en realidad no posee y se aferran a ellas.

Cada vez que no recibimos el permiso para tener,
tendremos miedo a perder.

Y una característica que distingue a una persona celosa es su enojo. En Nueva York, desde principios de 1960 hasta 1981, se hizo una investigación con 875 niños, en la que se descubrió que los padres violentos o enojados provocan hijos agresivos, niños demandantes y celosos que exigirán todo el tiempo porque nada de lo que reciban de otros los hará sentirse conformes consigo mismos. Nuestros padres han proyectado sobre nosotros cosas que no son nuestras. Vivimos proyectando. Todo lo que no nos gusta de nosotros mismos lo proyectamos en los demás.

Una persona celosa necesita sanar su autoestima, porque los celos desencadenan otras emociones destructivas que no solo enferman a nuestro entorno sino que terminan destruyendo nuestra propia persona.

Un día un águila celosa de otra que podía volar más alto que ella, vio a un hombre con un arco y una flecha. Entonces le señaló el pájaro en la altura, y le dijo:

—Desearía que derribaras aquella águila.

El hombre dijo que lo haría si a cambio obtenía algunas plumas para su flecha. El águila celosa se arrancó una de su ala. La flecha fue lanzada, pero no llegó a alcanzar su objetivo porque el ave volaba muy alto. El águila se arrancó otra pluma, y luego otra, porque los sucesivos disparos no tuvieron éxito. De esa manera perdió tantas plumas que ya no podía volar. El arquero tomó ventaja de la situación y mató al ave indefensa.*

* *Fábula del águila celosa*, relatada por Dwight L. Moody.

Cuando tienes baja autoestima, te vuelves celoso. La persona celosa generalmente es violenta, y la gente violenta es gente insegura. Son personas que viven pensando que de un momento al otro serán abandonadas.

2. ME PERSIGUE POR TODOS LADOS, YA NO PUEDO NI RESPIRAR

Las personas celosas son inseguras. Pero no solo sufre el celoso, sino también las personas celadas. Este es el motivo principal de consulta en la terapia de pareja. Por momentos, muchas parejas suelen confundir los celos con la envidia; sin embargo, distan mucho de ser iguales o de tener las mismas consecuencias. Para la envidia hacen falta dos, «yo quiero lo que tú tienes», pero para los celos, como dijimos, se necesitan tres. Es decir, hay un tercero, real o imaginario, que me puede quitar a quien yo amo, o aquello que tengo.

El celoso arma un circuito donde en primer lugar hay una amenaza: ese tercero, real o imaginario, es la amenaza. Entonces se activa su imaginación y empieza a implementar técnicas para tratar de calmar esa angustia. Veamos cuáles son:

> **Los celos son la máxima expresión de la propia inseguridad.**
>
> **Nuria Martínez García**

El interrogatorio. Sobre el pasado, el presente o el futuro. El celoso puede preguntar algo tan simple como «¿Estás bien?», pero lo hace de un modo reiterativo, es una pregunta de investigación.

La interpretación. A todos los datos que va recogiendo

les da un sentido, que está de acuerdo con el veredicto que el celoso ya tiene.

El llanto. Es el arrepentimiento que viene después de la crisis de celos; pide perdón hasta que la pareja se estabiliza, pero cuando aparece la amenaza vuelven los celos.

Los celos tienen más de un motivo:

- **En primer lugar, baja autoestima**. Cuando alguien tiene baja autoestima cree que ese tercero real o imaginario es mejor que él.
- **En segundo lugar, inseguridad interior**. El gran engaño del celoso es creer que si controla o si el otro se viste de determinada manera, va o no a determinado lugar, se va a sentir aliviado. Pero el celoso no se alivia porque el problema no es externo sino interno. Como ya explicamos, a veces los celos aparecen porque, en realidad, la persona proyecta en el otro lo que ella quisiera hacer.

Tenemos que distinguir el secreto de la privacidad, ya que son dos cosas distintas. Tener aspectos privados es bueno y es signo de salud. En muchas ocasiones, solemos confundir los celos con amar; celar es poseer, es inseguridad; en cambio, amar es cuidar y respetar al otro, es *cuidar cuidadosamente al otro*.

Los celos van parejos en hombres y mujeres. En general los celos del hombre tienen que ver con una inseguridad sobre su masculinidad, relacionada con su narcisismo varonil. Hay parejas donde los integrantes se celan mutuamente. La inseguridad es similar en ambos y da origen a situaciones tensas.

Si queremos construir una relación sana recordémosle
a nuestra pareja que cada mañana la elegimos
porque la amamos y nos sentimos amados por ella.

3. EJERCICIOS QUE SANAN

Ejercicio: Enfrentar al fantasma

Te propongo que hagas este ejercicio todos los días, a una hora fija, durante diez minutos. Si, por ejemplo, eliges hacer el ejercicio a las 10, pon el despertador para que suene diez minutos después, es decir, a las 10:10.

Durante esos diez minutos trata de imaginar lo peor, de sentir tus peores miedos: que te engañan, que la mujer que tanto celas está con otro hombre, cualquier cosa, por exagerada que sea, todo lo que se te ocurra. Entonces, ¿qué sucede?

Los primeros días te vas a sentir mal, pero luego «mágicamente» el síntoma desaparece. ¿Por qué? Porque cortamos un patrón que es evitar-evitar.

¿Qué le pasa al celoso? Como tiene miedo, el solo hecho de imaginar el engaño le provoca mucha angustia, entonces lo evita. Y al evitarlo, ese miedo a perder se potencia y potencia los celos.

Si dedicamos diez minutos diarios a imaginar lo peor, eso provoca la extinción, descubrimos que el fantasma no existe y lo podemos mirar a los ojos.*

* Adaptación de la técnica citada en *200 tareas en terapia breve*, de Mark Beyerbach y Marga Herrero de Vega, Herder, Barcelona, 2010.

4. Preguntas frecuentes

● **Mi pareja me provoca celos. ¿Qué hago?**

Muchas veces, explicar no es una alternativa ni una posibilidad; en estos casos no sirve. Y quedarse callado, tampoco. Lo primero que tenemos que hacer es trabajar nuestra autoestima, fortalecer nuestro mundo interior, nuestra seguridad interna, porque si no estamos seguros de nosotros mismos, vamos a seguir con los celos. Tenemos que «girar el radar», pensar en nosotros y empezar a trabajar en nuestros miedos, nuestras inseguridades y nuestra baja autoestima. Eso sería el comienzo.

● **Hace dos años que vivo con quien ahora es mi marido. Antes de salir para ir a buscar a nuestra hija a la guardería, me maquillo, me plancho el pelo, me perfumo, ¡me pongo guapa! Es mi costumbre. Cuando mi marido vuelve del trabajo, me dice: «Estás muy guapa, seguro que cuando ibas a buscar a la niña alguien te ha mirado.» Y yo le digo lo mismo, que seguro que cuando él volvía de trabajar, en el autobús, también lo miraban muchas mujeres. ¿Es una forma de provocarnos celos mutuamente o es desconfianza?**

Una buena noticia es que, efectivamente, alguien la ha mirado a ella y alguien lo ha mirado a él, todos los seres humanos somos deseados y deseantes, eso es parte de la vida, pero es bueno decirse: «Yo podría estar con cualquier otro hombre» o «Yo podría estar con cualquier otra mujer», «Pero hoy he decidido estar contigo. Yo diría que esta es la frase clave para bloquear los celos efectivamente: «Yo podría estar con otra persona a la hora que sea, el día que sea, ocultarme, de día, de noche, pero yo he decidido estar contigo.»

De esta forma, la pareja tiene que construir su afecto y su vínculo en función de que uno decide estar con el otro. Mantenernos como un disco rayado con esta respuesta servirá para que en determinado momento los celos queden bloqueados.

> **La satisfacción de la necesidad de autoestima conduce a sentimientos de autoconfianza, valía, fuerza, capacidad y suficiencia, de ser útil y necesario en el mundo.**
>
> **Abraham Maslow**

Otra cosa que podemos hacer es llevar al ridículo los celos, exagerarlos, decir: «Sí, no solamente me miraron, hubo una marcha en la ciudad con carteles que pedían que me eligieran Miss Buenos Aires.» Al ridiculizarla y tomarla un poco con humor, estamos desdramatizando la situación, que el celoso, por supuesto, vive con mucha angustia, y de ese modo puede reducir un poco los celos. En ese caso, tal vez me preguntarán:

¿No se enojará más si hago esto?

Seguramente, si aplicamos esta técnica la persona se enojará por sentir que no la toman en serio. Esto sirve momentáneamente, para bloquear solo un poco. Lo fundamental es trabajar la autoestima. Y basarnos siempre en que estamos con nuestra pareja por propia decisión.

- **¿Cuándo me doy cuenta de que hay un comportamiento celotípico y cómo debería actuar en ese caso?**

Cuando te controlan, te interrogan, se repiten, te vigilan, te amenazan. Hay celosos que dicen: «Yo confío en Ti, pero no confío en Él.» Es otra variante de los celos: «Como eres medio tontita, te tengo que cuidar porque alguien te va a engañar.»

Un ejercicio útil cuando hay un celoso en la pareja es robarle un poco de territorio: empezar a celarlo antes de que muestre sus celos genera un interesante movimiento en «el baile de la pareja».

• **Me cuesta perdonar la infidelidad y mis celos vienen de ahí. ¿Cómo hago para volver a confiar?**

La infidelidad siempre es un hecho traumático, doloroso, muy difícil, porque lastima la confianza y cuesta sanarla. La confianza es algo que se construye durante años, y se derriba en minutos.

> La confianza, como el arte, nunca proviene de tener todas las respuestas, sino de estar abierto a todas las preguntas.
>
> **Earl Gray Stevens**

La infidelidad hace que tengamos que volver a ganarnos la confianza del otro, y eso lleva tiempo. Tu pareja recuperará la confianza mediante sus acciones, ya que no bastan las palabras. Los dos tendrán que darse tiempo para volver a construir el edificio ladrillo a ladrillo. La infidelidad lastima la confianza porque rompe el pacto establecido por la pareja. El 99 por ciento de las parejas establecimos un pacto basado en la exclusividad, y cuando aparece un tercero se rompe el pacto. El dolor está agravado por todas las mentiras que se fueron inventando para tapar la «gran mentira». Una cosa es tener una aventura sexual, y la otra es tener un amante permanente. Una aventura ocasional, por supuesto, también lastima y duele, pero es distinto cuando hay una familia paralela.

Hay casos de parejas que han sido infieles, pero se han reconstruido e incluso han mejorado, porque se han sentado a ver qué les sucedía, cuál era la fisura o las carencias afectivas de la pareja. Y también hay parejas que no han logrado reponerse ni reconstruirse. Para reconstruir la pareja hay que aportar ciertos elementos. El primero es una petición de perdón, un perdón sincero. Además, tiene que haber un abandono del amante, sin excusas. No se puede reconstruir con un tercero en el medio. Y, dado que la pareja entra en un período de turbulencia, es necesario que esté acompañada por un terapeuta.

Cuando formemos pareja, hagámoslo con alguien
que ya sea feliz, para no invertir toda la vida
en hacer feliz al otro. Amar es cuidar cuidadosamente.

- **Antes sentía celos, no le dejaba hacer nada, y ahora está todo bien. ¿He dejado de amarla o ya no me importa?**

Este cambio se debe a que ahora tu autoestima está fuerte, por eso estás tranquilo. Cuando dejas de controlar y de ver a terceros imaginarios, todo mejora. Hace tiempo vi en Internet un vídeo: un hombre llega con un ramo de flores para su pareja. Mira por la ventana y ve a su compañera abrazando a un muchacho. Frente a la casa hay un coche nuevo, impresionante, y el hombre le tira cemento, lo aplasta, lo destroza. Cuando vuelve a asomarse por la ventana el muchacho se da vuelta con un cheque gigante y la foto del coche: era el premio que ella había ganado.

Eso le pasa al celoso, malinterpreta el abrazo, el beso, la llegada tarde: para él todo es infidelidad. En cambio, el hombre que confía en sí mismo, confía en su pareja.

- **Pienso que hay que celar en su justa medida. ¿Es así?**

Es así, si consideramos que los celos ocasionales, esporádicos, poco frecuentes, son normales, forman parte del juego y del miedo a perder que todos los seres humanos sentimos, siempre que no afecte la dinámica de la pareja.

- **Estuvimos a punto de separarnos varias veces pero la terapia nos ha ayudado muchísimo y decidimos seguir juntos. ¿Hay algún consejo que pueda servirnos para esta nueva etapa?**

Vuélvanse a casar, hagan una ceremonia y díganse por qué hoy se eligen. Ese sería el ritual para sellar esta nueva etapa.

Alguien dijo que la vida es como un jardín y solo va a crecer lo que cultives. Los seres humanos no son posesiones. Ese marido que tienes no es tu propiedad, no está a la venta, no lo has comprado; ese hijo, ese amigo, ese trabajo, no son nuestra propiedad.

Las personas son libres, no las ates a ti y tú no te ates a nadie. Las personas no se poseen, comienza a disfrutar de tu libertad, ¡qué mejor que poder disfrutar de la libertad que tenemos desde el momento en que nacimos!

Disfruta de la vida, no tengas celos, y cuando puedas ver todo lo que ganas al dejar de celar, el miedo desaparecerá de tu vida. En lugar de perder, vas a sumar más ganancia en todas las áreas, y sabrás que has nacido para ganar y no para perder.

> Cuántas cosas perdemos por miedo a perder.
>
> Paulo Coelho

5. RECURSOS ESPIRITUALES

Los celos se sanan recibiendo el permiso para tener: cuando existe ese permiso no hay miedo de perder lo que tenemos.

Un perro cruzaba un río llevando en su hocico un sabroso pedazo de carne.

Vio su propio reflejo en el agua del río y creyó que era otro perro, que llevaba un trozo de carne más grande que el suyo.

Y por querer adueñarse del pedazo ajeno, soltó el suyo. Pero el resultado fue que se quedó sin el propio y sin el ajeno: el propio se lo llevó la corriente y el otro no existía, solo era un reflejo.

La gente inteligente, antes de hacer un reproche al otro, primero investiga en su interior para ver por qué piensa de determinada manera y por qué actúa como lo hace. La gente inteligente no le pide al otro que cambie sino que se investiga a sí misma porque quiere crecer.

Si un celoso, en vez de decir «No te vistas así», «Cuidado con aquel, que va detrás de ti», «No hables con ese», se investigara y preguntara: «¿Por qué tengo tantos celos? ¿Tendrá que ver conmigo? ¿Será producto de mi inseguridad? ¿Tendrá que ver con la infidelidad de mi padre a mi madre, y con mi miedo de que me ocurra lo mismo?» Eso, hablando de una persona inteligente.

Una persona que desea controlar debe autoanalizarse: «¿Por qué soy autoritario? ¿Por qué grito? ¿Será que mi madre siempre cedía y mi padre le pegaba, por eso tengo miedo?» En vez de buscar culpas en el otro que hace algo que le molesta, la persona inteligente mira hacia dentro. Investiga esos celos, no te tengas miedo.

> Cuanto más fuerte es el enemigo, más nos obliga a superarnos.
>
> **Rubi**

13. Fábula de Esopo.

Aprendamos a mirarnos interiormente. El mirar hacia dentro nos habilitará para que cada día y frente a cada hecho podamos superarnos.

Las parejas exitosas miran hacia dentro para crecer. Y no solo en la pareja, en cualquier tipo de relación, es beneficioso mirar hacia dentro en vez de atacar al otro. Si me ha dolido que un vecino no me salude, puedo preguntarme: «¿Será porque me sentí invisible?» Tal vez me molesta porque nunca me han prestado atención. Si ante una broma he reaccionado con violencia, puedo preguntarme: «¿Por qué respondí así? ¿Por qué no me puedo reír, no me puedo divertir? ¿Será que no tengo permiso interno, porque siempre me hicieron sentir culpable, hasta por reírme?» La gente que sabe mirar hacia dentro para crecer está a un paso de llegar a su éxito, porque su éxito estará ligado al crecimiento mental y emocional.

Cuando tú sabes el motivo por el cual naciste, la opinión de los demás no importa. Eso significa que si sabes para qué naciste nadie podrá hacerte sentir celoso.

Cuando tú sabes el motivo por el cual naciste, no le echas la culpa al otro de lo que sientes. Culpar al otro por lo que sentimos es darle autoridad emocional sobre nuestra vida, es decir que la causa de mi dolor viene de fuera. Y entonces, también la solución viene de fuera, soy esclavo del afuera. El otro es responsable de la acción que cometió, pero yo soy el responsable de mi sentimiento. Lo que siento depende de mí, si yo tengo rencor, miedo, rabia, enojo, celos, amargura, no le puedo echar la culpa a nadie.

No puedes disculparte diciendo: «¡Es que me provoca!» No, es que te enfadas con facilidad.

¿Por qué piensas que una persona maltratadora no puede dejar de ejercer esa violencia? Porque dice: «Tú me provocaste», entonces establece que el problema de él viene de fuera y si el problema viene de fuera la gente le va a manipular.

Las otras personas sí son responsables de lo que nos hicieron, pero nunca del sentimiento que nosotros tenemos del problema.

> **Los sentimientos son la forma en que el alma se expresa.**
>
> Martha Ayala

No le echemos al otro la culpa de lo que sentimos. Cuando una persona se hace cargo de lo que siente es cuando comienza a recuperar el control remoto de sus emociones. Nuestro problema no está en el afuera; yo tengo en mis manos el control remoto de mi vida, yo soy el arquitecto de mi destino, yo decido lo que voy a pensar, decir, decidir, y creer.

La gente libre deja de echarle la culpa al otro
para hacerse cargo de lo que siente.

12

TRANSFORMANDO «LOS RECUERDOS DE LA INFANCIA» EN UN FUTURO DE ÉXITO

1. MI PASADO ME CONDENA. ¡FALSO!

Tal vez la niñez nos ha dejado heridas que necesitamos afrontar para no detenernos y seguir creciendo. La gente con iniciativa, con ganas de seguir luchando, busca la restauración. Nunca es tarde para tener una vida feliz, con expectativas, con sueños, con ganas, con pasión.

Tu infancia no es un sofá donde te sientas a llorar, es un puente que te va a llevar a tu próxima bendición. Dios no sana el pasado en el pasado. Dios sana el pasado en el presente. No podemos ir al futuro llevando toda la carga de dolor del pasado; necesitamos avanzar con el pasado sano.

¿Has tenido un padre o una madre algo complicados?

Para comenzar, tenemos que revisar cómo nos han marcado nuestros padres. Veamos las conductas más frecuentes de los padres complicados:

- **Padres que rotulan.** «La princesita», «la oveja negra de la familia», «el payaso», «el vago»... Todos esos rótulos se transforman en un guión, y comenzamos a actuar ese guión, que se transforma en una profecía autocumplida.

- **Padres que proyectan su vocación.** «Quiero que hagas lo que yo no hice.» Puede tratarse de la carrera que ellos no pudieron estudiar, del instrumento que no aprendieron a tocar, etcétera.

- **Padres sobreprotectores.** Con la sobreprotección los padres envían dos mensajes. El primero: «Te quiero, por eso te sobreprotejo»; y el segundo: «Eres tan inútil y tan incapaz que necesito sobreprotegerte.» Y eso hace que el hijo crezca con inseguridad, tal vez con trastornos de ansiedad.

- **Padres envidiosos.** Los que no quieren que sus hijos hagan lo que ellos no pudieron hacer, los que los descalifican con frases como «Yo, a tu edad, ya tenía pareja». Los que transmiten un mandato para que los hijos no superen a los padres.

- **Padres que crean el rol del hijo parental.** Son los que dicen: «Ahora tú eres el hombre de la casa», «Ahora tú vas a cuidar a mamá». El hijo o la hija fuerte ocupan un lugar predominante, se ven obligados a asumir el rol de uno de los padres; quedan atrapados y sienten culpa.

> No hay alivio más grande que comenzar a ser lo que se es. Desde la infancia nos endilgan destinos ajenos. No estamos en el mundo para realizar los sueños de nuestros padres, sino los propios.
>
> Alejandro Jodorowsky

Muchos padres fueron castigados, maltratados, avergonzados, y no saben cómo demostrar afecto. Lo importante no es tener el pasado resuelto, sino tenerlo claro para no repetirlo, porque sanando nuestro pasado vamos a evitar proyectar conductas nocivas en nuestros hijos. Todos venimos de familias disfuncionales, todos tenemos o tuvimos padres con cosas buenas y con cosas malas, pero una familia sana es la que puede expresar las emociones: «enojo», «alegría», «ternura», una familia donde no hay temas prohibidos.

¿Sufriste violencia verbal? Las personas podemos elegir entre dos tipos de poderes:

- El poder sobre el otro: el que sirve para controlar al otro.
- El poder personal: el que sirve para cuidarnos y ayudar al otro.

El maltratador no cree en el poder personal, cree en el poder sobre el otro. Lamentablemente, muchos hijos se acostumbran al maltrato verbal; este abuso siempre es secreto, pero luego será manifestado por las distintas conductas que el niño tiene. Veamos algunos tipos de violencia verbal:

- Establecer desigualdad de derechos: «Yo sí, tú no.» No existe el compartir ni la planificación de a dos.
- Negar: «Me entendiste mal», «Yo no quise decir eso».
- Amenazar: «¿Quién te va a querer a ti si eres un inútil?»
- Controlar: «No quiero que te vistas así.»
- Humillar: «Tú en lugar de avanzar vas siempre para atrás.»
- Juzgar: «Eres un desastre de la naturaleza.»

Y si desde pequeños nos hemos sentido de esta manera, si este es el trato que recibimos, ¿cómo podemos crecer sanamente?

Nadie puede cambiar el pasado, pero todos podemos cambiar los efectos del pasado en el presente. De víctimas de nuestro destino podemos convertirnos en sus artífices. Como dice Ortega y Gasset: «El hombre no tiene naturaleza sino solo historia, y cada uno se convierte en narrador de su propia novela.»*

¿Te llenaron de culpa?

Este sentimiento es tremendo, una acusación que nos dice que «tenemos que sufrir», que hemos hecho algo malo, que tenemos que pagar el peaje y el peaje es el dolor.

Veamos ahora qué cosas pueden causar culpa:

- «Mi padre estaba en el hospital, yo lo cuidaba, pero me dormí en el sofá y cuando murió no pude estar a su lado.»
- «Invité a mi padre a mi cumpleaños, yo no sabía que no podía tomar vino, sufría de presión alta y por tomar vino se murió.»
- «Mi madre me decía: "No dejes comida en el plato porque en África hay niños que se mueren de hambre."»
- «Cuando conté lo que me había pasado, me dijeron: "Te vestiste con esa ropa provocativa, por eso te violaron."»
- «Cuando me pasaba algo malo mis tíos me decían: "¡Por algo será!"»

La culpa significa «tengo que sufrir»; es rabia contra nosotros mismos, por lo que no hicimos o porque no alcanzamos determinado ideal.

* Citado en *Cambiar el pasado*, de Roberta Milanese y Federica Cagnoni, Herder, Barcelona, 2010, p. 204.

Y cuando la culpa aparece, aparecen también determinadas conductas. Las más frecuentes en una persona que se siente culpable son:

> La culpa no está en el sentimiento, sino en el consentimiento.
>
> **San Bernardo de Claraval**

- **La privación**: Privarse del descanso, privarse de estar con amigos, privarse de cosas buenas a las que podemos tener acceso pero inconscientemente eliminamos. Porque la culpa aparece sobre todo cuando nos está yendo bien. Hay personas que consiguen trabajo y hacen algo para que las despidan, como llegar tarde. O encuentran pareja y la empiezan a vigilar, a preguntarle: «¿Dónde fuiste, qué hiciste?» Porque la culpa dice: «No merezco ser feliz», «No merezco disfrutar», «No merezco estar bien». Entonces, para pagar su culpa, las personas comienzan a privarse de las cosas buenas.
- **El autorreproche**: Muchas veces es otra expresión de culpabilidad. La culpa se transforma en esa voz interna crítica que nos tortura y nos dice: «¿Por qué hablé?», «¿Por qué lo hice mal?», «Tengo que hacerlo mejor», etc. Las personalidades perfeccionistas, que se fijan metas muy altas, cuando no las alcanzan se sienten mal. Pero detrás del perfeccionista hay un sentimiento de omnipotencia, y cuando no puede realizarlo se llena de culpa y de rabia.

¿De dónde vienen las culpas? Estas son algunas de las causas más frecuentes:

- **Desgracias que les pasan a los demás**. Si yo crezco en una casa donde mi hermano estaba enfermo, o mis padres se separaron, o alguien estaba sufriendo, ¿cómo puedo permitirme ser feliz entre personas infelices? ¿Cómo puedo permitirme disfrutar? Aunque nadie me responsabiliza por lo que sucede, el sufrimiento de los demás me trae este sentimiento de culpa.

- **Tú eres el culpable.** En este caso alguien echa la culpa. Por ejemplo, los padres que dijeron a sus hijos que les habían arruinado la vida.

La culpa nos dice:

«Tienes que sufrir, no te lo mereces.» Alguna vez todos hemos oído decir: «He limpiado toda la casa, ahora sí me merezco un cafecito.» Las mujeres que actúan de esa manera, sienten que ya pagaron. Las abuelas de antes recomendaban salir a la calle siempre con ropa limpia, solo porque «Si te pasa algo, y te tiene que ver un médico...».

Todos esos mandatos nos dicen que tenemos que sufrir, que todo es difícil, que la vida es una lucha. Nos hacen vivir en un pasado lleno de marcas, nos estancan en ese momento de la vida.

Y así, vivimos hablando con nosotros mismos para reprocharnos nuestras acciones. El diálogo interno sigue abriendo la herida, la interioriza, le impide cicatrizar. En cambio, si hablamos y nos confesamos positivamente, si decimos cosas buenas de nosotros mismos, tendemos a cerrar esa herida.

Veamos, por ejemplo, este diálogo interno: «Yo lo sufrí por culpa mía, no hice nada, tendría que haber hecho algo.» Ese pensamiento reafirma la herida, no la sana.

Si tengo un problema con un compañero de trabajo y eso no me deja avanzar, para resolverlo tengo que preguntarme: «¿Qué me está impidiendo lograr este problema?, ¿en qué me está frenando?»

El problema puede verse desde la perspectiva de la víctima o del protagonista.* La víctima diría: «Este problema no me permite lograr tal cosa.» El protagonista diría: «No puedo avanzar.» Si un padre tiene estrés y eso le impide disfrutar de sus hijos, está en la posición de víctima. La posición de protagonista sería: «Yo no sé disfrutar de mis hijos. ¿Qué puedo hacer para disfrutar de mis hijos?» Se trata de romper la cadena, de que un problema deje de crear otro, para aceptar que tengo que cambiar algo para lograr el objetivo.

Es por ello que nos urge sanar el pasado, cada herida, porque cuando lo que hoy me pasa sigue ligado a mi pasado, terminará fisurando todas las áreas de mi vida. Si por ejemplo, en mi área emocional hay una fisura, la herida, como el agua, poco a poco se irá filtrando en todas las áreas de mi vida, en la económica, en la sentimental, en la relación con mis pares, y me impedirá crecer en cualquiera de ellas.

> No dejéis el pasado como pasado, porque pondréis en riesgo vuestro futuro.
>
> **Winston Churchill**

¿Qué pasaría si tuvieses que vivir los próximos cinco años exactamente igual que hoy, sin que se pueda cambiar nada? Los mismo horarios, las mismas peleas... ¿No harías cambios? Hazlos ahora, tienes que despertar. Y despertar quiere decir: «Voy a hacer lo que tengo que hacer y no voy a hacer lo que no quiero hacer.» Despierta a las cosas importantes de la vida, a buscar experiencias maravillosas que nadie te pueda quitar. Nadie te va a robar una tarde con tus hijos, una cena con un amigo. Aprecia las cosas sencillas de la vida y arriésgate más,

---

* Tomado de *Estrés y couching profundo*, de Daniel Sidelsky, Lumen, Buenos Aires, 2009.

porque nadie te puede robar lo importante. Y el dolor, la pérdida, lo que hacen es despertarte a lo importante.

Nadie puede negar que tuviste un pasado doloroso o traumático, el trato que recibiste o mejor dicho que no recibiste, pero lo más importante es que puedes sanarlo, y al centrarte en lo más importante, el pasado comenzará a tener un lugar de menor importancia en tu vida y ya no condicionará tu presente. *El dolor nos ayuda a despertar a lo importante.*

2. EJERCICIOS QUE SANAN

Ejercicio: Escribir

Te sugiero que escribas aquellas cosas, hechos, circunstancias que te han dejado una marca negativa en tu vida. Si por ejemplo en la infancia tuviste que cuidar a tus hermanos, anota cinco cosas que te quedaron pendientes y, una por una, empieza a terminarlas.

Escribir lo que te ha ocurrido es una técnica sumamente sanadora. En primer lugar, permite poner en el afuera aquello que te ha marcado, que te ha lastimado, para poder pensarlo. Al escribirlo, al ver concretamente esas emociones que te detuvieron, al tener esa emoción en un papel, puedes quemarlo, tirarlo y deshacerte de él. Escribir es un acto simbólico. Escribe hasta que sientas que está todo dicho. Y completa el ritual con otro acto simbólico: puedes enterrar tu carta o tirarla al mar.

> Escribir la historia es una forma de desembarazarse del pasado.
>
> Goethe

La expresión del dolor por escrito tiene un efecto catalizador: deja fluir las emociones y las pone en el papel. A través de la narración puedes sacar fuera algo que estaba dentro: emociones y sensaciones que de otro modo permanecerían latentes en tu interior y, «resonando» dentro de ti, continuarían turbando tu equilibrio.*

> Quien describe su propio dolor, aunque llore, está a punto de consolarse.
>
> Hugo Ojetti

Toma una hoja y haz este ejercicio:

Si ese problema que vienes arrastrando desde la infancia ya se resolviese, ¿cómo te darías cuenta o qué sucedería?

Ejemplo 1: «Cuando era chico me abandonaron. Si resolviese ese dolor estaría más contento, sonreiría más, disfrutaría más, trabajaría con más ganas.»

Entonces, enumera esas cosas y hazlas, una por día, como si el problema ya estuviera resuelto, desde una posición de «ya lo tengo».

Los cambios externos traen cambios internos; no solo los cambios en la manera de pensar cambian las conductas; también el cambio de conducta cambia nuestra manera de pensar. Se lo llama «experiencia emocional correctiva». Yo hago algo «como si», y hacerlo genera emociones nuevas e ideas nuevas en mi interior.

Para leer tu pasado, pregúntate: «¿Hice todo el esfuerzo que podía haber hecho? Entonces todo está dicho.» No pienses si te fue bien o mal, no es lo que tienes que evaluar; solo piensa si hiciste todo lo posible. Revisar el pasado para ver qué has hecho o qué pudiste haber hecho es una señal de au-

---

* Técnica citada en *Cambiar el pasado*, de Robert Milanese y Federica Cagnoni, Herder, Barcelona, 2010, p. 72.

tocrítica, y la señal de autocrítica es una señal de salud mental. Es mirar para dentro.

El futuro es la reparación del pasado. Cuando abrimos un mañana estamos reparando el pasado. El pasado es lo construido, el futuro es lo que yo voy a construir. El pasado fue co-construido, pero del futuro yo soy el único arquitecto.

3. PREGUNTAS FRECUENTES

- **¿Qué puedo hacer para no vivir de los recuerdos del pasado?**

Comienza a verte bien. ¿Qué harías hoy de diferente si tu pasado hubiera sido otro? Ponlo en marcha, y cada mañana haz lo que te hace feliz.

- **Por mucho que intento que los recuerdos tristes no vengan a mi mente, vuelven una y otra vez. ¿Cómo puedo evitarlo?**

Aunque te esfuerces por reprimir esos recuerdos, por frenarlos, vendrán una y otra vez. El dolor hay que gastarlo, hay que sacarlo afuera para no quedarnos a vivir en él.

- **Siento que no le creo a nadie, me fallaron tantas veces que hoy la desconfianza y la desilusión de la gente me hacen querer estar sola. ¿Es posible volver a confiar?**

La desilusión es el dolor profundo que surge cuando se rompe un ideal. Si tengo una idea sobre alguien o sobre algo y la realidad no coincide con mi idea, llega la desilusión o la decepción. Por ejemplo: «Yo esperaba que tú hicieses (o no hicieses) tal cosa», «Yo esperaba que tú no contaras el secreto que te conté», «Yo esperaba que tú me llamaras en el momento difícil», «Yo no esperaba que tú dijeras tal cosa». Si eso no ocurre, me desilusiono. Si pensamos así, seguiremos viviendo en una continua desilusión pero tu foco de interés no tiene que estar en la gente sino en tu propia vida, en los sueños que tienes por delante. El crecimiento verdadero consiste en un 50 por ciento en aprender, incorporar cosas nuevas, y el 50 por ciento en desaprender, quitar los hábitos viejos. Deja atrás lo que te ha lastimado, no lo archives, sánalo; pero elige relaciones que construyan tu vida, y detente solo para decidir cómo vas a alcanzar tus sueños.

- **Me siento un perdedor, ¿cómo hago para romper con esta forma de vida?**

Lo primero que piensan los ganadores es: «Voy a ganar donde antes había perdido.» No importa que ellos sean más, tú vas a ganar, no importa que el león tenga más fuerza, tú vas a vencer, y no importa cuán grandes sean tus problemas, tú vas a vencer porque Dios te va a programar para vencer donde habías perdido. Habías perdido en tus finanzas, en las finanzas tendrás éxito; habías perdido en los afectos, en ellos vas a tener la revancha. En la vida hay dos tipos de remordimientos: por lo que hiciste y por lo que no hiciste. Y he leído que el remordimiento más doloroso es por lo que no hemos hecho. Haz con tu vida aquello que te haga feliz, levántate las veces que sean necesarias, si no puedes solo pide ayuda, pero no te quedes sentado. El éxito va a llegar.

> No hay secretos para el éxito. Este se alcanza preparándose, trabajando arduamente y aprendiendo del fracaso.
>
> **Colin Powell**

- **¿Cómo se llega a ser libre de las emociones negativas?**

Todos recibimos estímulos permanentemente, y estamos bombardeados por problemas económicos, sociales y demás. Entonces, el punto decisivo está en fortalecer nuestro mundo interior, invertir un poco más en nuestro mejor capital que es nuestra autoestima, nuestra salud interior, para afrontar las agresiones del mundo externo. Tenemos que cultivar la capacidad de ver el lado positivo de las cosas. Por ejemplo, hay personas que pierden el trabajo y dicen: «Me quiero morir.» Y otras reaccionan de un modo diferente, piensan: «Seguramente vendrá un trabajo mejor.»

Todos tenemos cierta fortaleza biológica, pero la fortaleza emocional la aprendemos; todo lo que sabemos lo aprendemos. Tenemos que tomar las cosas de otra manera, pensar que «los problemas no son un pozo, son un túnel». Hay que seguir caminando y tratar de respirar un poco más que el problema. Es decir, aguantar un poco más que el problema. Todos los problemas tienen fecha de vencimiento, y aunque no sabemos cuándo va a llegar, contamos con una caja interna de recursos extraordinarios, que ni nosotros mismos conocemos. Cuando llega a nosotros algún problema, liberamos ese enorme potencial que está reservado para situaciones ultradifíciles.

Invirtamos en las relaciones afectivas, eso es muy importante; las crisis revelan qué gente queda con nosotros, qué gente vale y qué gente no.

Tenemos que permitirnos equivocarnos, pero lo que no debemos hacer es cronificar el error. No tenemos que decir: «Soy un fracasado.» ¡Nunca!

No nos paremos sobre los éxitos, sino sobre quienes somos. Y sepamos que si otro lo logró, entonces nosotros también lo vamos a lograr.

4. Recursos espirituales

Aprendamos de los errores de nuestros padres para no repetirlos; tenemos que planificar nuestro futuro pero disfrutando el hoy. Rompe con los pensamientos que te limitan y te paralizan, y no dejes de soñar. Descubre el valor de ti mismo, y de esa manera podrás ver el valor en los demás. Tenemos que aprender a perdonar, si nos lastimaron o si tenemos recuerdos tristes que hayamos vivido en nuestra niñez, ya que esa carga emocional genera rabia y dolor. Tenemos que darnos permiso para aceptar lo que queremos para nuestras vidas, y rechazar lo que no queremos. Y para «alimentarnos» de todo lo que nos estimule y nos haga bien, para poder seguir creciendo y ser mejores personas cada día.

Dicen que las águilas, a diferencia de otras aves, no aletean; las águilas planean. Tienen un sensor en el cerebro que les dice cuándo viene la corriente de aire. Por eso, cuando las capturan, les ponen un capirote en la cabeza y así les bloquean el sensor.

Hoy necesitas bloquear ese sensor y comenzar a ser feliz. Después de un gran dolor siempre viene un momento de gran victoria; después de una copa viene una corona. La copa te pone de rodillas; pero cuando viene la corona te pones de pie. Tu comienzo puede ser pequeño pero no es tu destino; ese solo es el comienzo, tu final es el éxito.

13

TRANSFORMANDO «LOS ERRORES Y FRACASOS» EN UNA SITUACIÓN DE APRENDIZAJE

1. ASÍ LO VEO YO

¿Te resulta conocida esta frase? Seguramente muchas veces has oído decir: «Yo soy así y punto, a mí no me cambia nadie, nací así y así voy a morir», o «Yo lo veo así y no me importa lo que digan los demás».

Este pensamiento absolutista es un poco necio. Un mismo hecho puede verse desde diferentes ópticas o puntos de vista, desde diferentes perspectivas que cambian incluso en una misma persona a medida que crece y madura.

Hay quienes se paralizan frente a un hecho y lo ven desde una sola perspectiva, la del fracaso o el error, mientras que otros pueden ver una determinada circunstancia o un hecho desde diversas perspectivas. Estas personas saben que de cualquier situación se puede sacar algo bueno, que en cualquier lugar, en cualquier momento, hay bendiciones para nosotros.

Mientras los que se paralizan solo esperan que alguien los ayude para salir del pozo, la gente que sabe ver lo bueno donde los otros no lo ven, dice: «No sé qué va a pasar aquí, pero algo bueno me voy a llevar, algo bueno me espera.»

Las personas que saben ver un problema, un hecho de la vida, desde diferentes perspectivas saben que en cualquier momento podrán encontrar una oportunidad.

Curiosamente, J. R. R. Tolkien, autor de *El señor de los anillos*, descubrió su pasión por los mundos fantásticos a los seis años, después de que lo picara una tarántula que puso en peligro su vida. El futuro escritor pasó su convalecencia leyendo una enciclopedia sobre criaturas mitológicas, que años después inspirarían su universo literario.

Resulta difícil imaginar a Woody Allen en un ring. Pero, como apunta Eric Lax en su libro *Conversaciones con Woody Allen*, durante su niñez el actor y director de cine tuvo que soportar las burlas de otros chicos, por ejemplo, que lo llamaran Red (rojo) por su cabello pelirrojo. El libro cita uno de esos episodios: «Un día que iba a clase de violín, un tipo me gritó: "¡Eh, Red!" Yo me encaré con él y le dije: "Mi nombre no es Red, ¿te enteras, pedazo de mula?" Los médicos tuvieron que sacarme el violín del esófago. Menos mal que no estudiaba violonchelo.» Más allá de las exageraciones, tras aquel suceso, Woody comenzó a practicar boxeo y según dice: «Llegué incluso a competir, y hasta gané un trofeo escolar.» Por eso, no nos tenemos que apresurar. En cualquier momento, y en cualquier lugar, puede haber una oportunidad.

Para muchas personas, una circunstancia difícil, una herida, un fracaso, son sinónimo de frustración. Piensan que es el fin del mundo, que no pueden hacer nada. Para ellos, la frustración es una piedra en el camino. Es decir, cuando quieren llegar a una meta y en el recorrido aparece una piedra, un obstáculo, una dificultad, surge la *frustración*. Pero, por supuesto, en el camino todos encontramos piedras de distinto tipo: quieres llegar a un lugar y te encontrás con un embotellamiento en la avenida; quieres comprar algo, no tienes dinero; quieres emprender un proyecto y te enfermas. Y frente a esos obstáculos en el camino, podemos patear la piedra, podemos enojarnos con nosotros, enojarnos con Dios, con el otro, podemos quedarnos llorando, amargarnos y preguntar: «¿Por qué me pasa todo a mí?», «¿Por qué me sucede esto?». O podemos caminar sobre las piedras y llegar a nuestra meta.

Todos tenemos un determinado nivel de tolerancia a la frustración; algunas personas encuentran una piedrecita en el camino y se retiran; otras encuentran miles de piedras y siguen adelante, tienen un alto nivel de fortaleza interna. En estos tiempos, las personas suelen tener *tolerancia cero*. Si miras a alguien a los ojos enseguida te dice: «¿Qué miras, qué sucede?» Si vas conduciendo y alguien te encierra, pasas por al lado y te insultan, porque hay cero tolerancia. Cuanto más baja es la fortaleza interna, menor es la tolerancia a la frustración.

Tenemos que darnos cuenta desde qué lugar estamos actuando, si lo hacemos desde el enojo y la

> Las personas fuertes crean sus acontecimientos; las débiles sufren lo que les impone el destino.
>
> **Alfred Victor de Vigny**

queja, desde la negatividad que nos lleva a decir: «La vida es mala y me engañó», o «Siempre que quiero algo aparece un obstáculo». Y si es así, necesitamos cambiar de lugar, modificar la perspectiva.

La crisis no estará determinada por la piedra
sino por tu capacidad de ver las cosas,
por tu fortaleza interna.

A partir de aquí, ¿qué esperas que te ocurra? ¿Qué esperas de tu presente y de tu futuro? ¿Cuáles son tus expectativas? ¿Son altas? ¿Estás esperando que te pasen cosas buenas?

A un grupo de personas del tipo que siempre sabe ver algo bueno se les preguntó qué es lo primero que dicen cuando les pasan estas cosas:

1. Estás aparcado y chocan contra tu coche.
2. Te roban y aparece el billetero vacío.
3. Pides un préstamo y te dan la mitad.

La respuesta fue:
«Podría haber sido peor. Todos tenemos historias difíciles, pero podría haber sido peor.»

Todo dependerá también de lo que tenemos dentro de nosotros. Todas las ideas que tenemos forman nuestro *mapa mental.** La mente es como un mapa y si en la mente no hay determinadas ideas no vamos a ver esas ideas en el territorio,

* Concepto definido por Alfred Korzybski, padre de la semántica general.

en el mundo concreto. Es decir, que para encontrar cosas en el territorio primero hay que encontrarlas en el mapa. ¿Qué es el mapa? El mapa es la suma de todas las ideas que tenemos, las creencias, como estas: «Dejar la droga es difícil», «Me cuesta mucho esta tarea», «Tengo depresión», «Nadie me quiere». Si a una persona le preguntan: «¿Tú crees en el amor para toda la vida?», y responde: «No, no existe el amor para toda la vida», es porque en su mapa no está marcado el circuito de que una pareja puede durar toda la vida.

A veces buscamos algo en el territorio, en el afuera, y no lo encontramos; por ejemplo, no encontramos paz. ¿Por qué? Porque si primero no está en el mapa nunca lo vamos a ver en el territorio.* Y así es como nos detenemos a ver la vida, desde lo que tenemos dentro. Por eso necesitamos reescribir nuestra historia, reenmarcarla, reinterpretar lo que consideramos que fue un desastre o un error fatal. Así podremos ver cada hecho de nuestra vida no desde la destrucción sino desde la construcción.

> La historia es un incesante volver a empezar.
>
> Tucídides

No es fácil agregarle o quitarle cosas al mapa. Haz esta prueba: cruza los brazos y fíjate qué mano quedó debajo. Descrúzalos, cuenta rápido hasta tres y vuelve a cruzarlos, pero la mano que estaba abajo ahora va arriba. ¡No es fácil!

Sin embargo, siempre podemos darle un giro a todo lo que nos pasa. Juan Carlos Kusnetzoff, en su libro *Soluciones para el buen sexo*, nos da un ejemplo concreto con respecto a lo que implica reenmarcar, reestructurar o redefinir un tema.

---

* Sobre este tema, véanse: *Quererme más*, Bernardo Stamateas, Planeta, Buenos Aires, 2011; y *Hágame caso*, Rafael Sabat, Aguilar, Buenos Aires, 2004, p. 56.

Una sutil manera de influir sobre las personas es mediante la nueva codificación de la visión y la concepción que la persona tiene sobre sus síntomas o sus problemas. Se cambia la estructura, no el significado del problema. Un ejemplo clínico lo aclarará:

Mercedes tiene veintinueve años. Se queja de anorgasmia. Describe que alcanza niveles altos de excitación sexual siempre, y que en un momento determinado esa excitación se corta bruscamente. Ha consultado a ginecólogos y psicoterapeutas. Y el problema, que se presenta desde el comienzo de su vida sexual, continúa. Cuando se masturba, el patrón estructural de la excitación sexual continúa de la misma manera. Le digo lo siguiente:

«Tú tienes orgasmos. Solo que los tienes de una manera diferente a la que te has imaginado. Crees que un orgasmo es un placer enorme, una conmoción interior y exterior muscular, como un "tsunami". Al no producirse el modelo de la expectativa que tienes, crees que no tienes orgasmo, lo cual, a su vez, te presiona internamente mucho más.»

Lo que cambia es el punto de observación donde el sujeto mira y evalúa. Cuando cambia el punto de vista, cambia la misma realidad. La reestructuración instala una duda que cuestiona y desafía la estructura rígida de la expectativa (que seguramente se ha formado a partir de la lectura de artículos periodísticos de divulgación o del relato de amistades femeninas).[*]

Reencuadrar un hecho, reinterpretarlo, no significa que estamos inventando un significado nuevo, sino que un mis-

---

[*] Juan Carlos Kusnetzoff, *Soluciones para el buen sexo*, Editorial del Nuevo Extremo, Buenos Aires, 2010, pp. 86-87.

mo episodio puede tener multiplicidad de lecturas, porque eso depende de la forma en la que uno ve la realidad, que no tiene una sola interpretación. La terapia en realidad consiste en eso, en ver algo que me pasó desde otro lugar. Esto no implica ni significa «buscarle el lado positivo a las cosas», sino ver desde otro contexto. Una nueva lectura nos puede ayudar a entender que lo que pasó no puede condicionar nuestro futuro. Lo que sucede es que cuando miramos hacia atrás, cuando miramos un episodio que ya ocurrió, no vemos que actuamos de cierta manera porque estábamos en cierto contexto. Por ejemplo, cuando una persona sufre un abuso y no puede hacer nada, después de muchos años tal vez se reproche: «Qué cobarde fui», pero en el contexto en el que sucedió, el silencio era un silencio de precaución.

El vaso está por la mitad. ¿Eso es bueno o es malo? Depende del contexto. Si el vaso estaba vacío, eso es positivo. Y si estaba lleno y ahora está por la mitad, entonces es negativo. Lo importante es saber cuál era la situación inicial.

2. EJERCICIOS QUE SANAN

Ejercicio: Reencuadrar, reinterpretar

¿Te dijeron algo que te dolió, que lastimó tu estima, que te detuvo y hoy no te deja avanzar?

Te animo a escribir diez adjetivos o frases que sientas que te paralizaron y anotar al lado lo positivo que verás en cada una de ellas. Y cuando lo hagas, léelas en voz alta, una por día, y vuelve a pensarte de una manera diferente, seguramente mucho más exitosa.

1. Me dijeron que era una persona muy rígida pero sé que ....
2. Me dijeron que soy un soñador, que nunca voy a llegar a ningún lado pero sé que ....
3. Me dijeron que no tengo carácter, pero sé que ......

Cito un cuadro excelente de reencuadres típicos que podemos tener en cuenta para vernos desde otro lugar. Por ejemplo:

- Si te dijeron «tacaño», un ejemplo de reencuadre sería «buen administrador».
- Si te dijeron «anticuado», puedes decir que eres una persona tradicionalista.
- Si te catalogaron como un «cabeza dura», puedes verte como una persona «firme».
- Si te dicen «tú eres supercerrado», puedes mirarte como una persona «profunda que piensa lo que hace».
- Si te señalan como «poco espontáneo», dale otra mirada y di que «eres cauto».
- Si te dicen que siempre eres un «mandón», mírate como una «persona decidida».
- Si te señalan como «impredecible», respóndele que eres «espontáneo».*

Ahora te toca a ti reencuadrar tu vida.

En una ocasión, un joven se encontró en un café con colegas que le dijeron que el comerciante local más poderoso, a quien él pretendía cobrarle, se había declarado en quie-

---

* Rafael Sabat, *Hágame caso*, Aguilar, Buenos Aires, 2004, pp. 274-275.

bra ese mismo día. Le recomendaron que regresase a su casa, pues era inútil intentarlo. El viajante, de todos modos, fue a ver al comerciante y le dijo: "¿Sabe lo mal que están hablando de usted? Dicen cosas espantosas. ¡Usted va a necesitar al menos uno que lo defienda!" El comerciante se rio un poco, le preguntó cuánto debía y le pagó la deuda.*

> La actitud es como las guirnaldas de flores de Hawái, las llevamos las 24 horas encima, las respiramos todo el día, y todos los que se acercan a nosotros respiran nuestra actitud.
>
> Juan Cordeiro

3. PREGUNTAS FRECUENTES

- **Después de la muerte de mi hermana, me di cuenta de que todo puede cambiar en segundos, y aprendí a ser feliz en todo momento, a romper las estructuras que me enseñaron y a estar más relajada y flexible, conmigo y con los demás.**

Cuantas más rutinas tenemos, más tiempo vivimos en piloto automático. Cuando nos decimos: «A esta hora los niños se bañan», «A esta hora se come», etc., nos volvemos rutinarios y efectivamente nos desconectamos. Es entonces cuando tenemos que atrevernos a cambiar, animarnos a variar: leer el libro que no leímos, pedir la comida que nunca comimos, salir con gente distinta a nosotros...

---

* Rafael Sabat, *op. cit.*

- **Siempre discuto con mi marido por los mismos temas, ¿qué podemos hacer para ver la situación desde otro punto de vista?**

Si hay algo que haces y no funciona, hay que cambiar, tener a mano otra estrategia. Puedes decir lo mismo de otra manera. ¿Cómo resolvemos un problema? Hablando. Pero casi siempre hablamos igual. Imaginemos a una madre que le dice a su hija: «Arregla tu habitación», y ella responde: «No arreglo nada, no me molestes.» La madre insiste: «¡Pon orden en la habitación, hija, te lo pido por favor!» La hija le replica: «No quiero, ¿por qué no le dices a tu hijo que la arregle?, yo no he tirado nada.» La madre vuelve a la batalla tratando de imponer su autoridad: «Vas a hacer lo que te digo porque soy tu madre.» La hija: «No haberme tenido.» Y así la pelea se va agravando. Ahora piensa en tu problema. ¡Vas a ver que siempre actúas de la misma manera! Y vuelve a pensar: ¿cómo le responderías de una manera diferente?

- **Mi madre es una mujer que siempre se queja, no se conforma con nada, eso me genera mucha angustia, ¿qué puedo hacer?**

Hablar de otra manera, de una manera positiva. No te sirve de nada decirle todo el día: «Mamá, ¿por qué estás así?, ¿qué te he hecho?, no quiero verte así.» Cuando le preguntas a alguien: «¿Y tú qué piensas?», suele responder: «Naaada, yo...», y después te habla. Pero primero dice «Nada». Tenemos automatizado lo negativo; y lo negativo nunca funciona. En lugar de devolverle una queja, ofrécele un elogio, una palabra positiva. Reenmarca la situación, mira desde otro lugar, piensa que quizá tu madre repite el modelo de madre que ella tuvo, que su actitud no va dirigida en contra de ti, que es ella la que más se perjudica. Al hacerlo tendrás paz tú y se la darás a ella, y seguramente el nivel de queja disminuirá notablemente. Hay que buscar lo bueno que el otro tiene, porque la gente no cambia cuando le llevamos la contraria; cambia cuando la elogiamos.

- **Para mi marido todos los días son lo mismo, nunca me sorprende con nada nuevo, ¿será que ya no me quiere?**

Muchas veces, en especial las parejas que llevan años de convivencia, la mujer suele decir: «No me acaricias, no me abrazas, me siento lejos de ti...» Y el hombre: «Es que estoy cansado del trabajo.» Ella: «Estás cansado de mí.» Él: «Ay, siempre lo mismo, no molestes.» Si eso pasa, ¿qué tienen que hacer? ¡Algo distinto! Piensa en un problema que tengas con alguien. Vas a descubrir que los dos siempre hacen lo mismo y provocan en el otro las mismas reacciones.

Hay un ejercicio muy útil para los matrimonios. Tanto el hombre como la mujer tienen que decirle a su pareja que han preparado una sorpresa y tienen que descubrir cuál es. El ejercicio se repite cada dos semanas. La mayoría de los matrimonios mejoran porque empiezan a hacer algo distinto; los dos están atentos a lo que va a hacer el otro. El foco se desvía de la queja y lo cotidiano, y aparece la expectativa de lo nuevo.

¿Qué hicieron? Vieron su problema desde el lado de la solución, dejaron de verlo desde el conflicto, y de esa manera siempre la situación mejora. Hablemos de otra manera y hagamos algo distinto. Miremos el problema de un modo diferente. Cambiemos el rótulo del problema, el enfoque, la lectura.

> La formulación de un problema es más importante que su solución.
>
> **Albert Einstein**

Veamos algunos ejemplos:

Un muchacho que se sentía agobiado por las responsabilidades de su trabajo, se quejó: «Siento que todos me presionan, no aguanto más.» El consejero le dijo: «Mañana vas a ir a tu trabajo y te vas a imaginar que eres un director de orquesta; cada vez que te presionen vas a imaginar que estás dirigiendo una orquesta sinfónica.» Y el muchacho ya no sintió estrés, porque en lugar de verse como una persona bajo presión se vio como un director hábil que combinaba todos los instrumentos para que la empresa estuviera en armonía.

Un bandoneonista muy celoso, cada vez que su mujer salía a trabajar sentía que lo iba a engañar y lo iba a abandonar. El consejero le dijo: «Cada vez que ella se vaya y cada vez que vuelva, vas a imaginar un bandoneón, vas a imaginar que tu matrimonio es un bandoneón: el fuelle, se abre, suena la música; el fuelle se cierra, suena otra música. Así funciona el bandoneón: el fuelle se aleja y se acerca. Y así va a ser tu matrimonio; tu mujer se va a alejar para dar melodía, se va a acercar y va a dar más melodía, y luego va a volver a alejarse.» Y al bandoneonista le desaparecieron los celos, porque cada vez que veía que su mujer se iba a trabajar recordaba el bandoneón: el fuelle se aleja, pero tiene que volver a acercarse para seguir sonando. Entonces aprendió que una pareja sana funciona con alejamientos y acercamientos; presencia y ausencia; cosas que hacemos juntos y cosas que hacemos por separado.

Un joven sentía que no tenía capacidad, que siempre hacía lo mismo. El consejero le dijo: «Imagina que eres un menú de pizzería; tú siempre imaginas que eres una pizza grande de *mozzarella*, pero ahora te vas a imaginar que eres una cocina de pizzas *gourmet*: puedes ser napolitana, calabresa, *fugazza*, *fugazzeta*, pizza con champiñones, con jamón, con roquefort, con albahaca. Cada vez que te pase algo, tú te vas a imaginar el menú; no le vas a dar *mozzarella* a esa situación, le vas a dar otra variedad de pizza. El muchacho empezó a imaginar una fábrica de cosas distintas. Y poco a poco empezó a hacer cosas que nunca había hecho. Una imagen nos puede cambiar.

En una ocasión una pareja me consultó sobre sus problemas: discutían siempre en el mismo momento del día. Les pregunté: «¿Qué hacéis cada día después de discutir?» Y ellos respondieron: «Después de discutir durante una hora, dejamos de hablar y vemos la tele juntos.»

Mi consejo fue: «Bueno, haced eso antes y problema resuelto.» Inténtalo una y otra vez, pero si no resulta, cambia la forma de hacer las cosas. Si no resulta, es porque siempre estás intentando lo mismo, y si sigues haciendo lo que no funciona, tendrás los mismos resultados. Si lo que probaste dos o tres veces no te resulta, haz otra cosa. En eso consiste reencuadrar: tener una nueva visión, darle un nuevo significado a las cosas.

4. RECURSOS ESPIRITUALES

Todo es actitud. La actitud es lo más poderoso que tenemos los seres humanos. Es la manera de reaccionar ante las situaciones de la vida. Es la manera de hacer las cosas. Para John Maxwell «es el sentimiento interior que se manifiesta en la conducta exterior».

> **Las actitudes son más importantes que las aptitudes.**
>
> Winston Churchill

Los resultados que logramos no dependen de la suerte, dependen de nuestra actitud. La actitud determina la manera de ver nuestra vida y, en consecuencia, determina nuestros resultados en la vida. Si tus palabras dicen «ganemos», pero tu actitud dice «perdamos», será difícil ganar. La actitud es más importante que las palabras que decimos. La vida es un 10 por ciento de las cosas que nos pasan y un 90 por ciento de cómo reaccionamos a esas cosas. Y esa reacción, esa manera de encarar, de reaccionar, se llama actitud.

Si un cirujano va a operar con una mala actitud, aun siendo capaz, esa mala actitud puede repercutir negativamente en una intervención. Para que un equipo de fútbol gane no es suficiente con que juegue bien, con la aptitud; es la actitud, la manera con que va a empezar el partido, la que va a determinar los resultados.

> **Yo pagaré a un hombre más por su actitud que por cualquier otra habilidad que pueda tener.**
>
> John Rockefeller

Se cuenta que un hombre fue al banco y le preguntó al cajero: «¿Por qué tenemos que pagar el estacionamiento si antes no se pagaba?» Y esta fue la reacción del cajero: «Tiene que pagar y punto. Si no le gusta, váyase.» Entonces ese hombre se puso en la cola, y cuando llegó su turno retiró los millones de dólares que había depositado en ese banco.

Como vemos, una buena o mala actitud determina los resultados.

14

Transformando «el recuerdo de lo que me hicieron sufrir» en lo que yo decido hacer ahora

1. No es ojo por ojo, ni diente por diente

En muchas ocasiones de la vida esperamos que otros hicieran algo por nosotros, que nos valoraran, que tuvieran para nosotros una reafirmación de nuestra persona, una felicitación, una palabra de ánimo, un abrazo, un gesto que indicara que estaban a nuestro lado, que podíamos contar con ellos. Sin embargo, no siempre recibimos lo que esperamos y nos sentimos lastimados, heridos. Entonces es necesario ver qué podemos hacer con respecto a aquel gesto, aquella palabra, aquella ayuda que no recibimos.

Podemos vivir recriminando al otro lo que no hizo, por el resto de nuestra vida, llenándonos de odio, de rencor, de rabia, de frustración, o podemos hacer con el otro lo que esperábamos que hicieran con nosotros.

Hace un tiempo concurrí con mi esposa a la presentación de un libro y conversando con Juan Carlos Kusnetzoff, salió el tema de la Universidad de Harvard. Le pregunté si sabía que había sido creada por un pastor. Y así fue como le comenté la historia de la creación de esa universidad. Este pastor sabía reconocer que en su formación había huecos, había vacíos que nadie había podido llenar, nadie le había enseñado a él cómo ser un buen pastor, cómo cumplir con su función, por lo que decidió crear un Instituto Bíblico que terminó transformándose en la Universidad de Harvard. Al finalizar la historia, Juan Carlos me dijo: «Claro, hizo una reparación, tenía una herida en su historia, no podía cambiarlo, no podía cambiar su pasado, por eso hizo algo en su presente para sanar su pasado.»

Cuando me lastimaron, fui pasivo. Pero cuando en el presente hago algo bueno por otra persona, soy activo. Y cuando soy activo, se sana algo del pasado en lo que fui pasivo. Somos sanados para sanar, nos reparamos para reparar, todo lo bueno que hacemos por alguien cura algo del pasado en lo que fuimos pasivos. Y esto es algo verdaderamente maravilloso que cualquier persona puede hacer para no quedarse a vivir en el lamento, en el rencor, en el odio, en la herida. No podemos cambiar el pasado, pero hoy podemos hacer algo capaz de sanarlo.

En lo que a mi vida se refiere, soy escritor desde hace mucho tiempo, he escrito varios libros durante los últimos diez años, y recientemente tuve la oportunidad de viajar a España a presentar uno de mis libros, *Gente tóxica*, que alcanzó un gran éxito. Al llegar y ver los resultados, me dije: «Cómo me habría gustado que desde un principio mis libros se hubieran conocido en este país, pero tardé diez años para entrar en España.» Sin embargo, más allá de lo que me habría gustado que sucediera, no sentí rabia ni resentimiento, todo lo contrario, me dispuse a actuar.

Un conocido conductor del Canal 26, mi amigo Eduardo Serenellini, en este último tiempo ha escrito un libro llamado *El vaso*. Además de tener el honor de escribir el prólogo, pude colaborar para que su libro se distribuyera en el mercado español y así fue como su primer libro ya está vendiéndose en España. *Pude hacer con alguien lo que me habría gustado que alguien hiciera conmigo.*

Y así es como pasa en la vida. Hay padres varones que no hablan con sus hijos varones, padres que no valoran a sus hijos, que establecen con ellos una competencia al verlos ganar y crecer. Han reemplazado el amor por la competencia.

Hay mujeres que compiten con sus hijas, que pueden estudiar, comprarse ropa, tener amigos, ser independientes, tener decisión propia, es decir, hacer todo lo que ellas no pudieron. Esas madres suelen decir: «Yo a tu edad trabajaba y no gastaba una moneda; tú tienes todo de regalo, no necesitas hacer nada.» Aunque nos cueste reconocerlo, esa actitud se llama envidia: «Como yo lo pasé mal, tú tienes que pasarlo mal.» «Si tú tienes todo lo que yo no tuve, tienes que pagar un precio a cambio.» Y así, cuando el pasado no fue sanado, en lugar del reconocimiento, del abrazo, de la caricia, de la palabra de motivación o de ayuda, se establece la competencia.

Cuando un padre le dice a su hijo: «Ahora que papá se va de casa, tú vas a ser el hombre del hogar, tienes que cuidar a tu madre, a tus

> Cada día de nuestra vida hacemos depósitos en el banco de memoria de nuestros hijos.
>
> **Charles Swindoll**

abuelos, a tus hermanitos», ese hijo no crecerá siendo hijo, sino como un adulto con responsabilidades.

Si en lugar de darle seguridad a su hijo, los padres crean en él responsabilidades, compromisos y, con ello, miedo al castigo, lo obligan a ser uno de esos hijos fuertes, inteligentes, que resuelven todo, que dicen: «Quedaos quietos que ha llegado papá y tiene que descansar.» Son los hijos preferidos, los hijos que se llaman parentalizados, a quienes la madre o el padre les han proyectado su propia inseguridad, y les han dicho: «Tú tienes que ser el fuerte para sostener esta casa.» Esos hijos no pueden vivir su infancia ni su adolescencia, tienen que ser «maduros», porque la madre o el padre no lo son o no están lo suficientemente seguros para asumir su rol. Y el hijo, en vez de ser hijo, termina siendo el padre de sus padres.

Hay personas que dicen: «Mis padres nunca me motivaron, nunca me alentaron, nunca me dijeron "¡Bien!, ¡Bravo!", porque no me quisieron.» Por ejemplo, recuerdan el momento en que anunciaron: «He recibido un premio en el colegio», y por toda respuesta recibieron un «¡Ah!». En realidad el padre o la madre eran personas sin motivación, sin fuerzas, sin ganas. O bien dedicaban toda su energía a ocuparse de sí mismos. Cuando esos niños crecen y se transforman en jóvenes, les cuesta tomar decisiones, viven la vida como dejándola pasar, sin fuerzas, sin motivación, sin entusiasmo, debido a la tristeza que se proyectó en ellos.

Si mientras un niño crece y aprende a conocerse, sus padres lo descalifican, le dicen que no sirve, si le dan esa imagen de él, no esperemos que cuando llegue a adulto sea

> **Siempre se debe preferir la acción a la crítica.**
>
> **Franklin Roosevelt**

un genio. Lo más probable es que no pueda hacer nada por sí mismo, o que no logre resultados positivos.

Por eso es importante que tengamos en cuenta lo que determinamos al hablar sobre la vida de nuestros hijos, porque lo que se espera de una persona será lo que ella alcance. La forma en que trato al otro, el respeto y la validación que le doy con mi palabra y con mi manera de actuar, son las bases que determinarán su respuesta en el mundo.

Lo que hacemos, nuestras acciones, nuestra conducta,
son una profecía autocumplida.

Una posición de víctima hace que el pasado, el problema, las circunstancias, esa carencia que se yergue delante de ti, tenga más poder que tú. De la posición que elegimos dependerá que el problema o la persona que tenemos delante tenga más poder.

Se llamaba «víctima» al animal que se ofrecía en sacrificio a los dioses.

Cada vez que nos ponemos en el lugar de víctima, terminarán sacrificándonos en el altar. La víctima surge del hecho de sentirse impotente. Cuando te sientes impotente, te pones en el lugar de la víctima, le das poder al gigante, a ese recuerdo, a esa carencia que aún sigue presente y viva.

Hay tres maneras de ponerse en el lugar de la víctima:

- **Víctima de mí:** «No soy capaz, no puedo, no sé si podré, siempre me va mal, todo me ha costado en la vida.» Efectivamente, si actúas de esa manera todo te costará mucho.
- **Víctima del otro:** «Tú me has lastimado, tú me has hecho ser así, tú me has abandonado.» ¿Dónde pones tu problema? En el otro, y así le das el poder.

- **Víctima del mundo:** «Yo quiero pero no me dejan. En mi trabajo no me dejan. El mundo no me ayuda. Los políticos tienen la responsabilidad.» En este caso, el gigante que te frena es el mundo entero.

Cuando somos víctimas, nuestro gigante se hace aún más grande. Hay un principio extraordinario que dice: el fuego se aviva echando más leña. ¿Qué pasa entonces? Que la vida te pone delante un gigante mayor, un miedo más grande para que te asuste tanto que superes el miedo que tenías.

Un gran temor, una circunstancia que pareciera estar fuera de nuestro control, supera al miedo presente y lo bloquea. A veces el miedo nos hace reaccionar de manera que nuestro futuro sea diferente y mucho mejor.

> Hay dos legados perdurables que podemos transmitir a nuestros hijos: uno son raíces, el otro son alas.
>
> Hodding Carter

Si dejamos de ser víctima, dejaremos de sentirnos inferiores, impotentes con respecto a nosotros mismos, a los otros y al mundo, para decir: «Yo puedo vencer este problema porque he entendido que yo soy más que mis miedos, que en realidad no son tales como parecen.»

Elegir el lugar de la víctima es darle poder
a ese gigante que tienes delante.

Un problema nuevo tiene que ser un desafío nuevo, un triunfo más. Si ganaste ayer, si ganaste en medio de tu dolor, en medio de tu carencia, estás listo para sumar un nuevo trofeo.

Todo problema tiene un fallo, un punto débil; tienes que descubrirlo para reparar, para sanar la vida de otros, y mientras lo hagas, tú mismo te estarás sanando.

> **El sabio no se sienta para lamentarse sino que se pone alegremente a su tarea de reparar el daño hecho.**
>
> **Willian Shakespeare**

2. EJERCICIOS QUE SANAN

Te animo a que puedas hacer con los demás lo que no hicieron contigo.

¿De qué se trata? De reparar el daño que hicieron en tu interior, en tu pasado, ayudando a una persona que esté atravesando una realidad similar a tu experiencia de vida, para que sane su herida o su carencia.

- ¿Te hubiera gustado que tu madre te diera un consejo a tiempo?

Si eres padre o madre, o si no lo eres, elige a una persona que esté necesitando un mentor, una persona que le dé consejo o asesoramiento, y ofréceselo con amor.

- ¿Te hubiera gustado que el trato entre tus padres hubiera sido otro? ¿Te hubiera gustado ver que se daban un beso, que eran compañeros, que se motivaban y alentaban uno al otro?

Hoy decide hacerlo con tu pareja. Dile a ella todo lo que te hubiera gustado ver y oír de tus padres.

- ¿Necesitaste que te ayudaran a resolver un problema, que alguien te llamara y te dijera: voy a echarte una mano?

Busca una persona que esté atravesando por un problema y dale tu apoyo, ofrécele tu conocimiento, tu ayuda, tu aliento. Anímalo a encontrar una solución.

- ¿Te hubiera gustado ser aceptado y reconocido por tu jefe? ¿Sentías que aunque hicieras cien horas extras nada llamaría su atención y eso te frustraba? ¿Creías que nada te salía bien?

Busca a un compañero de tu trabajo y asístelo en su tarea, valora su avance, estimula su progreso y su mejora continua, aliéntalo a crecer, a perfeccionarse. Y si hoy eres jefe, tienes la oportunidad de ser un mentor de excelencia.

- Has pasado una crisis, una gran depresión, y ese amigo que considerabas un hermano ni siquiera ha aparecido. Seguramente te habría gustado que hiciese otra cosa.

Hoy, busca un amigo, tal vez esa misma persona, y haz con él lo que esperabas que él hiciera contigo: ayúdalo, valóralo, dale importancia a su tarea, guíalo. Aplica sabiduría.

¿Has observado alguna vez la vara de almendro? El almendro es la primera planta que da fruto en invierno, y así es nuestra vida: en invierno, cuando vemos y sentimos que todo está mal, cuando no recibimos de los otros, incluso de los más cercanos, lo que estamos esperando, si sabemos comenzar a vernos como si fuésemos los mejores, a vernos sanos y felices, así estaremos. Aunque venga tu invierno, vas a florecer, cuando el clima parezca estar en tu contra, cambia tú las circunstancias para tu bien. El almendro primero da frutos y después las hojas. No te preocupes si la gente primero quiere hojas, quiere cosas visibles. Aunque nadie vea ninguna hoja en tu vida, aunque te vean triste y llorando, estás por dar fruto, y fruto en abundancia. De repente, habrá un instante en que tu pasado se habrá sanado y en tu futuro se activará el favor sobre tu vida, y lo que te digas será lo que finalmente seas y lo que conquistes.

> Considero más valiente al que conquista sus deseos que al que conquista a sus enemigos, ya que la victoria más dura es la victoria sobre uno mismo.
>
> **Aristóteles**

3. PREGUNTAS FRECUENTES

- **Hace tiempo, casi desde siempre, siento que todo el mundo me rechaza, que no pertenezco a ningún lugar, ¿cómo puedo dejar atrás esta situación?**

¿Cómo actuarías si todos te quisieran, si todos te invitaran y todos te sonrieran? ¿Qué harías?

Tal vez al comienzo tu respuesta sea: «No sé», y después de pensar un momento digas que si fueses reconocido, si te tuviesen en cuenta, «Estaría más animado», «Sonreiría más», «Llamaría a más gente».

Entonces te sugiero que comiences a hacerlo ahora, en este mismo momento. Piensa una acción futura, en lo que harías si ese problema estuviera resuelto y ponlo en práctica ahora.

Al hacerlo, al llevarlo a la práctica, estarás actuando como si el problema ya estuviese resuelto, y con esa conducta estás declarando que tu problema se va a resolver.

Cuando comenzamos a actuar con seguridad, nos sentimos así, seguros, aceptados, validados. Se cumple que aquello que ponemos en práctica termina siendo una realidad. Tienes que ser y verte como un favorito y terminarás siéndolo. Tu actitud te dirá hacia dónde estás dirigiendo tu vida.

- **Voy por la vida pensando que soy fea. Y además sin dinero, sin un trabajo estable, me siento no solo fea sino también pobre y sin medios para poder sentirme más bella. ¿Cómo salgo de esta situación?**

Comienza a caminar por la calle, aunque te cueste, como si fueras la mujer más bella, como suelen caminar las modelos, como si hoy te fueran a llamar para ofrecerte el mejor trabajo y tuvieras que presentarte. De la misma manera, comienza a manejarte y a desenvolverte en todas las áreas de tu vida, y verás realizado eso que desprendes y que te dices a ti misma. Actúa como si todos tus problemas ya estuviesen resueltos, como una ganadora de la vida, y si lo haces, es un ciento por ciento probable que ganes y conquistes tus sueños.

- **Aunque mi entorno me ve como una ganadora, no logro aceptar esa imagen, me siento el patito feo del mundo. ¿Por qué siempre me siento inferior?**

Muchas veces nos autoengañamos, nos castigamos sintiéndonos menos que los demás, quizá porque en nuestra infancia no nos dieron el valor que nos correspondía, el que necesitábamos, y hoy seguimos viéndonos como entonces. Aunque ahora el mundo nos ve «fuertes y valiosos», nosotros creemos ser los patitos feos. Por ese motivo tenemos que empezar a hacer cambios que nos lleven a sanar nuestro pasado, para que nuestro presente esté claro y podamos verlo sin distorsiones. Somos únicos y lo que pensamos que es un defecto en nuestra vida, es una marca que nos hace especiales y diferentes. No tienes que rendir cuentas delante de nadie, cuando dejes de hacerlo tu nivel de exigencia bajará y el patito feo pasará a ser un cisne.

- **Nadie me da el trato que yo quiero recibir, es como si no existiera. ¿Cómo hago para llamar la atención de los otros?**

En primer lugar, trátate tú misma como estás esperando que te traten los demás. No esperes la aprobación, la caricia, el mimo del afuera, primero hazlo tú con tu propia vida, regálate a ti misma ese perfume que tanto quisiste, ese vestido que tanto te gustó, felicítate y prémiate. Cuando lo hagas, cuando le des valor a tu vida, los otros notarán el cambio y comenzarán a ver que a su lado hay una persona importante, segura y feliz, que sabe lo quiere y lo que pretende, que sabe sanar su propia vida. Eso hará que quieran estar contigo y que te tengan en cuenta.

- **¿Por qué dejo las cosas por la mitad o por qué empiezo algo y luego lo abandono y así es como lo pierdo, si en realidad es lo que siempre quise?**

Nuestra cultura es una cultura de la postergación: te veré mañana, lo hablaremos mañana, mañana veremos cómo lo haremos, empezaré el lunes. Vivimos postergando como si fuese algo normal. A Henry Ford le preguntaron cuál era el secreto del éxito: «Cuando empiece algo, termínelo», respondió. Y generalmente sucede que no terminamos lo que empezamos por nuestras emociones negativas y por nuestra falta de acción. Si nuestra posición es quedarnos en el pasado, en lo que nos faltó, en lo que no tuvimos, en lo que no nos dieron, no podremos sentirnos merecedores de lo bueno, de lo mejor, de estar sanos y de disfrutar de la vida plenamente. El dolor no sanado nos nubla el presente y el futuro, y no nos deja ver que nacimos para ganar y no para perder. El dolor no sanado te anula y te inmoviliza. Empieza por cumplir pequeñas metas y cuando te veas capaz, ¡estarás listo para ir a por las más grandes!

Hace un tiempo, leí acerca de la remisión espontánea. ¿Qué significa esto? Se trata de personas que han tenido enfermedades muy graves, tumores, y misteriosamente, milagrosamente, se curaron. El cáncer se redujo, no se encontraron vestigios del tumor, de la enfermedad. Los estudiosos del tema señalan que esta remisión espontánea de enfermedades graves se produce debido a que las personas activan el laboratorio interno que tenemos los seres humanos. Nuestro cuerpo es un potencial bioquímico para sanar, es un laboratorio lleno de drogas internas que Dios puso dentro de él, y si las sabemos activar podemos sanar las enfermedades graves de nuestro cuerpo. Nuestro sistema inmunológico trabaja para la autorreparación y la autorregulación del sistema, tiene células vigilantes que recorren todo nuestro cuerpo y cuando encuentran un virus, una bacteria, una célula tumoral, la destruyen. Si estas células vigilantes están débiles, no tienen la capacidad de destruir los virus, las bacterias, las células tumorales. Cuando el estrés —el enemigo número uno del sistema inmunológico— las atonta, no pueden reconocer a las células cancerígenas, que así se reproducen rápidamente. Pero si están fuertes, si están activas, logran que el cuerpo haga la «remisión espontánea», es decir, literalmente hacen que las enfermedades desaparezcan.

Si estamos bien por dentro,
nuestro afuera también lo estará.

La buena noticia es que si nuestro sistema inmunológico está bajo en defensas, podemos fortalecerlo para sanar nuestro cuerpo. Con el objeto de activar el sistema inmunológico hay algunos puntos que podemos tener en cuenta:

- Las creencias tienen un poder enorme. No importa si son verdaderas o falsas, producen reacciones químicas en el cuerpo: si crees que te va a ir mal, tu cuerpo va a generar sustancias químicas de acuerdo a esa creencia. ¡Empieza a pensar que todo te va a salir como quieres!
- La risa reduce el estrés y activa las endorfinas, que son las hormonas de la felicidad.
- El baile reduce la tensión, la ansiedad, disminuye la presión sanguínea y los niveles de colesterol.
- Las caricias estabilizan la presión sanguínea, normalizan la respiración y el pulso.
- El juego sana y pone en actividad todo nuestro cuerpo, ¡hazlo más seguido!
- Y ten en cuenta los beneficios de la relajación: reduce la presión sanguínea; normaliza el ritmo respiratorio y cardíaco; aumenta la velocidad de los reflejos; aumenta la creatividad; mejora el aprendizaje.

Relajémonos y lo que necesitamos vendrá. Si no recibiste cuidados de tu padre, Dios va a brindarte otro padre sustituto que lo hará. Si te faltó el amor de tu madre, habrá una mujer que te amará como nadie lo ha hecho, y te dará ese cariño que llenará tu corazón. Cuando somos capaces de reparar en otros lo que a nosotros nos ha faltado, la vida se encargará de traer a quien necesitamos para que repare nuestra carencia y nos abrace. Y ese abrazo recibido sanará la herida del pasado y, aún más, te abrirá la mejor puerta de bendición a tu vida.

Dios va a levantar una mujer ungida que te va a dar el cariño de madre. Porque cuando vas con una túnica blanca, alguien siempre va a venir con su propia túnica a abrazarte y bendecirte. Tal vez ese pasado, esa carencia, esa falta, quieran hacerse presente una y otra vez, pero cuando vuelvan, te van a encontrar sano y mejorado, fortalecido y restaurado, y estarás listo para decir: «Pensar que esos recuerdos antes me hacían llorar, pero ahora que estoy sano, ahora que puedo dar a los otros lo que me hubiese gustado recibir, me hacen reír.»

> **Libertad es lo que haces con lo que te han hecho.**
>
> **Jean Paul Sartre**

Podemos ponernos a llorar sobre la leche derramada, o podemos limpiar lo que se ha caído y volver a llenar el vaso. Podemos vivir todo el tiempo en el dolor, en lo que no tuvimos, o ser los dueños de escribir lo que queremos vivir.

4. RECURSOS ESPIRITUALES

Hazte esta pregunta: «¿Qué haría si esa deuda que me preocupaba todo el tiempo hoy estuviera saldada?»

Seguramente tu respuesta será: «Sonreiría más, saldría más con mis amigos, me divertiría más.»

Pensemos en otras situaciones, por ejemplo: ¿Cómo te sentirías si no tuvieses problemas de pareja?

«Me gustaría decirle que me encanta que esté conmigo, que es la persona que me entiende, la que conoce cada uno de mis gestos, la que logra motivarme y me ayuda a soñar con nuevos desafíos cada día.»

¿Cómo tratarías a tu hija si fuese una persona que siempre hace todo bien y todos te felicitaran por ella? «Como a una princesa, como a una hija "genial", con valor, con amor.»

Así es exactamente como tenemos que tratar a nuestros hijos, a nuestra pareja, a nuestros amigos, a nuestros compañeros. ¿Cuántos de nosotros tenemos problemas? Todos tenemos problemas. Ahora, pensemos, ¿qué haríamos, cómo actuaríamos, si no los tuviésemos?

Cuando somos capaces de decir cómo seríamos sin deudas, con una pareja que respetemos y valoremos, con hijos que sean un motivo de orgullo y felicidad, con amigos que hacen que cada encuentro nos permita disfrutar de la vida, tenemos que poner esas palabras en práctica, en el presente, y terminarán siendo una bendición, una profecía cumplida en tu vivir diario.

Imagina que ese milagro que tanto esperas ya está en tus manos. Eso es fe, eso es ponerte el anillo de la fe, y saber que lo que hoy no ves hecho, «será».

Ese milagro que estás esperando ya está hecho. Actúa como si ya lo estuvieras disfrutando, empieza a verte en ese futuro mejor, y comienza a decir cómo te gustaría que a partir de ahora sea tu vida, lo que necesitas, lo que no quieres que falte, las personas que tienen que estar contigo. Actúa y muévete en la vida cada día como si estuvieras en medio del milagro, y cuando este llegue ya habrás sido parte de él.

15

TRANSFORMANDO «EL RECUERDO DEL PEOR DÍA DE MI VIDA» EN MI MEJOR MOMENTO

1. ¿QUÉ MÁS ME PUEDE PASAR?

Seguramente alguna vez en tu vida habrás sentido que nada de lo que hacías te salía bien. En algún momento de la vida pareciera que, en lugar de ganar, perdemos en todo, que todo lo que amamos y queremos se aleja cada vez más. Has perdido el trabajo, tu novia te ha dejado, se ha muerto el padre de un amigo que es como el tuyo propio, tu madre está grave, has chocado con el coche y no tenías seguro, has ido al cajero, te han asaltado y te han robado todo tu sueldo. Y entonces te preguntas qué más te puede pasar, por qué todo te sale tan mal.

Sin embargo, la vida se compone de pérdidas, nada ni nadie es eterno. Una persona puede atarse a un coche pero el coche tiene un ciclo de vida útil, no es irrompible; incluso la pareja tiene un ciclo, en algún momento habrá una separación o una muerte.

Todo en la vida es pérdida, porque todo y todos los que estamos en la vida somos temporales. Entonces, cuando una persona queda atada a algo o a alguien, siempre va a estar sufriendo, y lo que es peor, si tiene una atadura —un vínculo negativo con algo o con alguien— no logrará entender el provecho que puede sacar de esa situación ni ver lo que está por delante.

Todas las ataduras siempre son esclavizantes. Cuando vivimos atados a algo o a alguien, siempre tenemos la angustia y el miedo de perderlo. Esa angustia de perder ese trabajo, esa idea, esa persona, esa pareja, ese rito, se transforma en un dolor muy grande. Cuando me apego a las ideas de mi mente, las ideas terminan esclavizándome.

> Todas las pasiones son buenas mientras somos dueños de ellas, y todas son malas cuando nos esclavizan.
>
> **Jean-Jacques Rousseau**

Cuando parece que todo está mal pensamos: «¿Por qué será que todo me pasa a mí? ¿Y todo a la vez?» ¿Te suena? Sí, seguramente lo has oído más de una vez. Y sobre todo, nos preguntamos por qué nos pasa a pesar de ser buenas personas. El hecho es que a las personas les pasan cosas difíciles, y eso no significa que hagan las cosas mal. Todos los que vivimos en este mundo conocemos tiempos difíciles. Pero tienes que saber que ese tiempo pasará, que no has nacido para perder aunque la realidad quiera o intente mostrarte lo contrario. Si en tu mente comienzas a procesar que no saldrás jamás de esta etapa, así será. Pero si estás seguro de que lo que estás pasando es momentáneo y que estas circunstancias te llevarán a un nuevo nivel de aprendizaje, de crecimiento, saldrás ileso y fortalecido de todas las situaciones que atravieses.

El pastor Norman Vincent Peale, quien fue el padre del «pensamiento positivo», cuenta que en China un viajero pasó por un local donde se hacían tatuajes y entre las muestras que se ofrecían vio uno que decía: «Nacido para perder.» Entonces entró y le preguntó al tatuador si alguien era capaz de elegir esa frase. El hombre le respondió: «Antes de que el tatuaje esté en el cuerpo, está en la mente.»

Podemos tatuar en nuestra mente ideas positivas o negativas. Tal vez pienses o te hayan hecho creer que eres culpable, que Dios te ha abandonado, y esa es la causa de que te sucedan tantas cosas malas, pero no es así. Por eso necesitamos saber que «todas las cosas se combinan para bien».

Dios no nos envía una enfermedad, Dios no nos envía un accidente, Dios no te despide del trabajo. Esas son cosas que pasan, no porque nosotros seamos malos, sino debido a una serie de factores. Si sabemos combinarlos con la capacidad que tenemos para sobrepasar cualquier circunstancia, podrás resolver las dificultades por arduas que sean.

Todos pasamos por experiencias amargas. Pero hay un capítulo nuevo por escribir que te está esperando, una conexión que te acercará a la solución que anhelas, una idea que te sacará de la infertilidad y la sequía. Siempre habrá un ingrediente que, al combinarlo con esa situación amarga, te hará salir exitoso de las crisis. Habrá algo que, cuando lo mezcles con ese dolor, lo transformará en bendición, porque todas las cosas combinadas ayudan para bien a los que saben cuál es el propósito de su vida y deciden vivirla por completo.

> **Disfrutemos de la vida todos juntos.**
>
> **Thich Nhat Hanh**

Hay un ingrediente en la receta divina que se mezcla con las cosas malas que Dios no nos ha enviado. Por eso, no leas una y otra vez el capítulo triste de tu vida, ponle un punto definitivo, pasa página y decide ser tú quien escriba el final, el próximo capítulo.

Y cuando leas todo el libro, va a ser un *best seller*, porque todas las cosas combinadas para los que estamos bajo el favor de Dios nos ayudan a estar bien.

Joel Osteen, pastor de una de las iglesias más importantes de Estados Unidos, contó que en una oportunidad se le acercó un niño y le dijo: «Usted siempre está sonriendo, ¿por qué?» Y él le respondió: «Porque soy alegre. Y tú, ¿cuándo sonríes?» La respuesta del chico fue: «Cuando me dan helado.» Hay gente así, que solo sonríe cuando le dan helado, cuando les sale algo bien. Pero cuando algo no les sale bien, no sonríen. Todas las cosas combinadas ayudan a mejorar. ¡Aprendamos a sonreír y a saber que lo que hoy estás viviendo también pasará!

Ella estaba en el aeropuerto. Recordó el momento en que, frente a la tumba de su padre, se puso a llorar, y lloró otra vez. Un muchacho se acercó, se pusieron a conversar, ella le contó qué le pasaba. La charla duró tanto que el desconocido perdió su avión.

Antes de despedirse él le dijo: «Estoy filmando una película, me gustaría que nos volviéramos a ver.» Y le dio su tarjeta, indicando el lugar donde filmaban esa película.

Al cabo de unos días, ella se encontró de paso por ese lugar y decidió ir a verlo: allí se reencontraron, se enamoraron y se casaron. El muchacho era Kevin Costner.

Tal vez ahora estás llorando, pero en tu vida hay una promesa de que todo lo que te pasa te ayudará para bien, para tu propia vida y para que seas un canal de ayuda para los otros.

El Creador tiene un ingrediente que, mezclado con el dolor, se va a transformar en un proyecto de bendición, de paz, de cambio, de progreso, de mejora, de felicidad.

2. EJERCICIOS QUE SANAN

Ejercicio: la visión panorámica*

Imagínate que estás frente a una pizza. Si te preguntaran qué estás viendo, seguramente responderías «una pizza».

Pero, ¿cómo se hace una pizza? Con harina, levadura, agua, sal, aceite, queso, tomate. Ahora, te invito a hacer esta reflexión: nadie come harina, aceite o levadura pero harina, más aceite, más levadura, junto con los demás ingredientes hacen una pizza.

Si te despidieron del trabajo, si levantaron una injuria sobre tu vida, a esa situación se le mezclarán los ingredientes que te permitirán tener una visión panorámica de lo que estás viviendo. La situación dolorosa que has padecido se transformará en una pizza grande de la cual vas a disfrutar, porque todas las cosas, combinadas, ayudan para bien.

En Estados Unidos, uno de los principales cultivos era el algodón, pero lo atacaban las plagas. Nin-

> Hay que unirse, no para estar juntos, sino para hacer algo juntos.
>
> **Juan Donoso Cortés**

22. Adaptación de la técnica citada en *Qué y cómo. Prácticas en psicoterapia estratégica*, de Josefina Rabinovich y Debora Kopec, Dunken, Buenos Aires, 2007, p. 92.

gún insecticida daba buen resultado. Después de la guerra civil, George W. Carver, un renombrado científico, sugirió plantar cacahuetes porque el gorgojo no lo dañaba. Los productores dijeron que nunca lo habían hecho, no sabían cómo cultivar el cacahuete. Tampoco sabían para qué servía y creían que no tendrían compradores. El científico les explicó que el aceite de cacahuete, además de ser comestible, podía usarse para fabricar distintas cosas. Los productores siguieron su consejo y ganaron fortunas que no habrían conseguido plantando algodón.

¿Qué significa esto?

Que hay gorgojos que vienen a comernos, pero también hay una idea de oro que transformará lo malo en excelente y en resultados extraordinarios.

Cada vez que surja un problema, piensa que es un nuevo trofeo que se agregará a tus triunfos. Por eso, cuando aparezca algo inesperado, tienes que saber que si antes has ganado, esta vez también vas a ganar.

Todas las cosas que hasta hoy has vivido te ayudarán para bien, para seguir creciendo y avanzando. No todas las cosas son buenas, pero todas las cosas juntas, al final, ayudan. Cámbialas para bien.

Si perdiste el trabajo, eso te empujará a que salgas a buscar otro, que será mucho mejor, que te permitirá, por ejemplo, cumplir con ese sueño que tanto querías alcanzar.

Si tu pareja te ha dejado y tú pensaste que el mundo se terminaba, esa situación puede llevarte a tener un encuentro contigo mismo, para que puedas madurar, crecer y así volver a formar una pareja que te respete, te ame y te valore, y juntos construir algo mucho mejor.

Que te maltraten no es bueno en absoluto; que te hayan

despedido no es bueno; que te hayan insultado no sirve para nada. Pero un insulto, más un maltrato, más un rechazo, te llevan a que hagas un examen interior y después de hacerlo podrás afrontar la vida desde un lugar mucho mejor.

La vida y Dios te harán escribir un nuevo capítulo, todo lo que has vivido te llevará a tu próximo éxito.

Entonces, como pasa con la pizza y sus ingredientes, no te detengas a mirar hechos sueltos de tu pasado, las circunstancias difíciles. Mira lo que hoy has alcanzado después de haberlos vivido. Si te lo hubieran contado antes, ¿lo hubieras imaginado?, ¿lo hubieras creído?

Una madera no es nada; un serrucho y un clavo,
separados, no implican nada. Pero en tus manos
y en las manos de tu Creador se convierten
en un mueble extraordinario.

Cuando comprendemos que todo lo que hemos vivido nos ayudará para bien, ya no diremos: «Ay, me pasó esto y ayer me pasó esto otro», sino: «Me pasó esto, más esto, más esto, y todo lo que he vivido me ha llevado a ser quien soy, una persona que mira hacia el futuro, hacia lo que tiene por delante.»

Por un momento cierra los ojos y mira tu éxito, y cuando ya lo hayas visto, abre los ojos. Si lo ves con los ojos abiertos y lo ves con los ojos cerrados, a eso se le llama fe.

Acepta los riesgos, toda la vida no es sino una oportunidad. El hombre que llega más lejos es, generalmente, el que quiere y se atreve a hacerlo.

Dale Carnegie

Prepárate para sumar un nuevo trofeo. Ese problema nuevo será un trofeo que hasta ahora nunca obtuviste.

Nuestra visión tiene que ser global, todas las cosas nos ayudarán para bien. Solo cuando podamos conectar todas las cosas, podremos enfrentar la tormenta y vencerla. Tal vez hoy no estás en el puesto de trabajo por el cual te esforzaste y estudiaste, pero tienes muchas cosas más, mira lo bueno que hay a tu alrededor.

Y tengamos en cuenta que no podemos planificar absolutamente todo. Tenemos que tener un plan A, un plan B y un plan C, y estar abiertos, porque si planificamos absolutamente todo, vamos a perder de vista las oportunidades nuevas que pueden aparecer en el camino. Estemos enfocados, tengamos planes A, B y C, pero sigamos atentos. Si tenemos una visión global, aparecerán oportunidades que no estaban en nuestros previsiones, a las que no tenemos que renunciar.

Tienes que ser como la palmera. ¿Sabes por qué en Estados Unidos crecen tan altas las palmeras? Porque las tormentas arrancan de raíz otros árboles, pero las palmeras no se caen, son flexibles, se doblan. Cada vez que te tiren un misil, cada vez que te hagan una crítica, cada vez que te condenen, no te van a quebrar, te vas a doblar, y como la palmera, te vas a enderezar otra vez y vas a seguir creciendo. En tu interior, di estas palabras:

- Si me atacan, me doblo y crezco.
- Si me insultan, me doblo y crezco.
- Si mi pareja se va con una persona veinte años menor, me doblo y crezco.

Habrá momentos en que tal vez te sientas «por el suelo», pero eso pasará, podrás volver a levantarte y ver el problema desde otro lugar, y lo amargo será transformado a tu favor.

3. PREGUNTAS FRECUENTES

- **Frente a lo que me lastima no puedo poner límites, así es como junto malestar hasta que exploto y eso no me sirve para solucionar lo que no funciona bien en mi vida. ¿Qué puedo hacer para reaccionar de otra manera?**

Lo primero que tienes que hacer cuando llegas al punto límite, es cambiar las creencias que no sirven por decisiones que sirven. En segundo lugar, ver el cuadro completo de tu vida. Luego descansar, buscar ayuda y una vez que recuperes fuerzas, podrás salir a conquistar, a alcanzar cosas nuevas, a expandirte.

- **Cada vez que estoy frente a un hecho difícil, siento que no puedo encontrar la salida, veo todo negro a mi alrededor aunque los demás me digan que no es así. ¿Cómo puedo enfocar las cosas de un modo diferente?**

Cuando recibas una mala noticia, cuando algo no salga como esperabas, no te expongas a que te sigan golpeando. Frente a esa dificultad habrá cinco cosas buenas que te hayan pasado ese día. ¿Sabes que hacen en el avión antes de despegar? Lo presurizan, ¿qué es presurizar? Es ponerle presión interior, porque si no, cuando levanta vuelo la presión exterior lo aplasta. Entonces, como no se puede cambiar la presión exterior, lo someten a una presión interior proporcional que la resista. Tal vez no puedas dejar atrás la tormenta de inmediato y tengas que atravesarla. Para hacerlo, llénate de presión interior y de esa forma podrás superarla.

> Solo es capaz de realizar los sueños el que, cuando llega la hora, sabe estar despierto.
>
> **León Daudí**

- **Todo lo que viví me afecta de tal manera que siento que ya no sé bien quién soy, ni de qué soy capaz, y me duele verme así. Antes tenía sueños, ¿cómo hago para volver a tenerlos?**

He leído que a los boxeadores, cuando van a subir al cuadrilátero, les ponen mucha vaselina en el cuerpo para que los golpes resbalen. Hagamos lo mismo con la vida, habrá situaciones que no podremos evitar que pasen; en cambio, podemos hacer que resbalen en nuestra vida. Llénate de lo bueno, de lo mejor que puedas recoger de aquellos que están a tu lado, busca un consejo, y no permitas que los hechos de la vida te lastimen más, no les des más valor del que realmente tienen.

- **Las situaciones que he afrontado, una tras otra, me han hecho sentir que no tengo el control de mi vida. Quiero recuperarlo pero, ¿cómo lo hago?**

Tienes capacidad, fuerza, dominio propio sobre todo lo que Dios te ha dado. Cuando todo parece hundirse, serás tú quien tome el control de tu barco. El barco de tu vida no lo dirige otra gente, el barco de tu vida lo comandas tú. No dejes de hacer lo que siempre hiciste, porque todo lo vivido es la prueba de que puedes superar cualquier circunstancia que aparezca.

> Enfrentarse, siempre enfrentarse, es el modo de resolver el problema. ¡Enfrentarse a él!
>
> Joseph Conrad

- **A veces siento que a nadie le importa mi problema, lo comparto, pero nadie ve el caos que yo veo. ¿Cómo puedo recibir la atención que estoy esperando?**

Aprendamos a no quejarnos de los problemas, sino a buscarles soluciones. El hecho es que al 95 por ciento de la gente no le interesa lo que nos pasa y el otro 5 por ciento se alegra de que tengamos conflictos. A los dieciocho años me preocupaba lo que la gente pensaba de mí, a los cuarenta no me preocupaba lo que la gente pensaba de mí, y a los sesenta me he dado cuenta de que nadie se ha preocupado jamás por mí.

Si quieres ser una persona exitosa no te vas a tener que enfrentar con ovejas, lo harás con gigantes. Y frente a un problema gigantesco tu vida se está completando de lo que le falta.

Para todo problema busca la solución más sencilla. Hay parejas que pasan años discutiendo, todo el tiempo, se enredan, se complican inútilmente. Y tal vez algo tan simple como pedir perdón resuelve el problema. Quizá te moleste que tu pareja no te hable como tú quieres que lo haga... Ahora bien, yo te pregunto: ¿se lo has pedido?

Hay cosas que ya estás haciendo que funcionan, es necesario aprender a ver las cosas desde distintas perspectivas. Cuando lo hagas, no todo te parecerá tan negro, verás algunos grises.

¿Por qué nos cuesta resolver un problema? Porque siempre lo vemos desde el mismo lugar. Por ejemplo, hay padres que se quejan por la rebeldía de su hijo y repiten: «Matías es rebelde, Matías es rebelde, Matías es rebelde.» Pero si aplican la «técnica de los 180 grados» —a medida que giro veo otra cosa—, si giran y cambian el punto de observación, el panorama y la percepción que tenían de su hijo también cambiará.

Si nos pasa siempre lo mismo, y lo vemos siempre igual, no podremos ampliar nuestra mente. Cada problema tiene una falla, un punto débil que tenemos que descubrir.

En la mitología griega, Sísifo era el hombre que subía la montaña cargando una piedra; cuando llegaba a la cima la piedra se le caía rodando por la otra ladera. Entonces Sísifo la volvía a levantar por ese lado; llegaba a la cima y se le caía por el otro. ¿Te ha sucedido algo parecido? Entonces, ¡ensancha tu mente, busca otra solución!

Piensa: «Cada vez que tenga por delante una puerta cerrada, es hora de romper mi techo.» Cada vez que quieras lograr algo y se te cierre la puerta, tienes que traspasar tu propio límite. No tienes que pelear con nadie, no tienes que entristecerte, no tienes que enojarte. Solo debes romper tu techo, romper tu límite, porque por encima de tu techo está aquello que esperabas. Sal a buscar tu sueño, no gastes un segundo ni un minuto de tu fe en aquellos que intentan bloquear o lastimar tus emociones, emplea ese tiempo en tu favor, en superarte a ti mismo.

Si te molestan, ¡no protestes, no te quejes! Concentra tu fe en ti mismo y saldrás por esa puerta con tu éxito en la mano.

Si te enojas, no podrás concentrarte en tu objetivo, da la vuelta, súbete al techo y rómpelo. Mejórate, supérate, crece. Al hacerlo, la alegría y la paz que vas a sentir será mucho mayor que la presión, la tensión, el estrés y todo lo que has pasado.

¿El fuego quema el oro? ¡No! Lo hace brillar. Lo mismo que parece que te destruye, que destruye a otros, a ti te hará brillar. Lo que a otros los quema, a ti no te va a quemar, porque tu fe y tu fuerza son como el oro.

4. RECURSOS ESPIRITUALES

Todos tenemos un punto límite, un nivel máximo hasta donde podemos soportar. Cuando se llega a ese nivel y ya no se puede resistir más, muchas personas enloquecen. Al hablar con ellas descubrimos que les ocurrieron cosas terribles en la vida, situaciones difíciles, tan difíciles que tocaron su punto límite, y su mente explotó, no pudo resistir. Por eso, cuando sientas que te estás acercando al punto límite empieza a hacer cosas que provoquen una ruptura en tu mente, para que las cosas primero empiecen a ordenarse dentro de tu pensamiento y así luego se ordenen en el mundo físico.

Entonces:

1. Quita de tu mente toda creencia que no funcione y reemplázala por decisiones que sí funcionen.

Nuestra mente se mueve en base a creencias. Si esas creencias no son útiles, tenemos que cambiarlas. Una idea que tal vez te funcionó cuando eras joven, ya no te funciona hoy. Entonces, ha llegado el momento de cambiarla.

¿Sabes por qué se hundió el *Titanic*? ¿Por qué en dos horas y veinte minutos murieron mil quinientas personas?

Por una creencia. La gente que viajaba en el barco decía: «Ni Dios hunde el *Titanic*.» Tenían una idea, una creencia, pensaban que el barco era a prueba de todo, y por eso no pusieron los botes salvavidas; si los hubiesen puesto la gente se habría salvado, pero actuaron a partir de su creencia. Como vemos, las creencias nos pueden llevar al caos.

Una creencia te puede hundir o te puede salvar. Es necesario revisar qué ideas tenemos.

> Algunas veces hay que decidirse entre una cosa a la que se está acostumbrado y otra que nos gustaría conocer.
>
> **Paulo Coelho**

2. Usa el *zoom*.

Aprendamos a ver el cuadro completo, el final, el éxito, la victoria, el premio, la recompensa. No importa la tormenta que estés pasando, al final vas a llegar a tierra, vas a atravesar tu tormenta, vas a resolver tu problema. Hoy estás viendo esa tormenta, pero afírmate sobre tus pies y decide mirar tu vida con el *zoom* para el cuadro final completo.

Usa el *zoom*, mira más allá de la tormenta y vas a ver que llegaste a tierra.

Aleja el *zoom* y vas a ver que el sueño está en tu vida, está mucho más cerca de lo que piensas.

Aleja el *zoom* y mira tu mañana, el año que viene y cuando veas el cuadro completo, todas las cosas que hayas pasado te ayudarán para bien, porque te han preparado para todo aquello que hoy quieres alcanzar. Cuando veas todo el cuadro, no solo lo que te pasa hoy, te vas a dar cuenta de que el hoy es un punto, es una nota en el gran pentagrama de tu vida.

3. Expande tus límites.

Límites pequeños significan territorio pequeño, sueños pequeños, ganancias pequeñas. Si te sientes bajo presión, si los problemas te desbordan, no tienes que esperar a que la presión cese para expandirte. En medio de la crisis y de la presión puedes hacerlo, puedes entrenarte para ensanchar tus límites. Mientras vayas ensanchando tus límites, tu capacidad de resistencia también aumentará.

Un pájaro vivía en un árbol podrido en medio de un pantano. Se había acostumbrado a estar ahí, comía gusanos, siempre estaba cubierto de barro, que pesaba sobre sus alas y le impedía volar.

Un día una tormenta arrasó el árbol. El pájaro comprendió que su vida estaba en peligro. Para salvarse, comenzó a aletear tratando de emprender el vuelo. Tuvo que hacer un gran esfuerzo porque había olvidado cómo volar, pero al hacerlo el barro comenzó a despegarse de su cuerpo y logró elevarse por el cielo hasta llegar a un bosque lleno de árboles de hojas verdes.

Los problemas son como esa tormenta que destruye el árbol y te obliga a levantar el vuelo. Nunca es tarde, no importa lo que hayas vivido, no importan los errores que hayas cometido o las oportunidades que hayas dejado pasar, no importa la edad, siempre estamos a tiempo para despegar y volar muy alto.

> **Las grandes ideas son aquellas de las que lo único que nos sorprende es que no se nos hayan ocurrido antes.**
>
> Noel Clarasó

4. Resiste.

Cuando sientas que estás en el peor momento, no hagas nada, descansa. Y sigue mirando con el *zoom*, más allá de la tormenta. Alguien vendrá a darte una mano para que vuelvas a ponerte en pie. Los que te ayudarán a levantarte serán quienes terminen de quitar de ahí ese gigante, ese problema, esa preocupación que hoy sientes que «te puede», que te está venciendo.

Un joven piloto decidió hacer un viaje en un avión pequeño. Como no tenía equipamiento moderno, requería de mucha energía y concentración. Ya en vuelo, el avión comenzó a comportarse en forma extraña y, al investigar, el piloto se dio cuenta de que una rata se estaba comiendo los cables. Entonces recordó que alguna vez su instructor le había dicho: «Cuando encuentres ratas en tu vuelo, en vez de gastar tu energía y ponerte en peligro peleando con ellas, elévate todo lo que puedas: las ratas no resisten la altura.»

Si estás en medio de una crisis, de un problema tras otro, levanta el vuelo, las ratas —los problemas— se mueren solas, no pueden contra la altura. Si eres un soñador, vivirás en las alturas y estarás listo para soñar más y más cada día.

Se dice que cuando Elvis Presley empezó a grabar, intentó cantar un tema melódico. Pero por mucho que lo intentara, el resultado no era satisfactorio y se decidió hacer un intervalo en el estudio de grabación. Entonces, para entretenerse, empezó a cantar un rock, sin saber que lo estaban grabando. Esa fue la música que lo convirtió en rey de la canción.

¿Qué significa esto?

Que mientras descanses, vendrán las mejores soluciones y las mejores ideas a tu vida, y te sorprenderás de las cosas grandes que pueden surgir de ti en el momento más crítico de tu vida.

> La posibilidad de realizar un sueño es lo que hace que la vida sea interesante.
>
> Paulo Coelho

16

LA METÁFORA:
EL LENGUAJE DEL ESPÍRITU

El lenguaje del espíritu, o del inconsciente si se quiere, es la metáfora. Una metáfora tiene el poder de sintetizar muchas palabras en una imagen. Y tiene el poder del impacto emocional que genera. Lo que propongo en este capítulo es reservar cinco o diez minutos por día para meditar, visualizar o imaginar las metáforas que planteamos a continuación.

Lo que imaginamos es tan poderoso que genera en nuestro interior una respuesta psicofisiológica sumamente interesante y de gran ayuda.

Por ejemplo, si imaginamos que a alguno de nuestros hijos o seres queridos les puede pasar algo (como que un coche los atropelle), eso inmediatamente nos genera una reacción. ¿Por qué no usar ese poder de la imaginación para lo bueno, para generar emociones positivas?

No se trata solo de imaginar que nosotros somos cierto objeto, también podemos aplicar la metáfora para ver el problema que tenemos «como si...». Es decir, vamos a imaginar que somos una perla o vamos a ver el problema que tenemos como si fuese una perla. O vamos a imaginar al ser querido que está sufriendo como si fuese una perla, para no sentir lástima por él.

A continuación, menciono algunas de las metáforas en que podemos meditar, pensar. En su mayoría las he tomado del libro de los libros, la Biblia.

- *La palmera*

La característica de la palmera es que se dobla pero no se quiebra. Dicen que soportan grandes tormentas. Imaginemos que somos esa palmera, y el viento que está soplando en nosotros, sea de enfermedad, de deuda, de problemas, nos va a sacudir, nos va a doblar, pero no nos va a quebrar. Nos ayudará a mantenernos en pie frente a cualquier circunstancia.

¿Podemos doblarnos, flaquear, dudar, tener miedo, sufrir altibajos? Claro que sí, pero también tenemos la total seguridad de que dentro de nosotros reside la capacidad y la reserva emocional que necesitamos para volver a ponernos de pie las veces que necesitemos, y cada vez que lo hagamos, estaremos mucho más fortalecidos.

- *El diamante*

El mismo carbón con que hacemos una barbacoa se transforma en un diamante. ¿Qué características tiene un diamante? Miles de años, o cientos de años escondido bajo el suelo, soportando la presión de toneladas y toneladas de tierra. Imaginemos que somos un diamante, que todas las presiones que estamos soportando —problemas, deudas, enfermedades, una respuesta que no llega—, todas esas situaciones difíciles de atravesar, logran liberar lo mejor de nosotros. A mayor presión, mejores resultados.

La presión no nos va a matar, va a sacar lo mejor de nosotros, aquello que no imaginábamos ser capaces de ser, de hacer y de afrontar.

- *La perla*

Cuando entra un grano de arena en una ostra, esta partícula la hiere, por lo que la ostra segrega un líquido grisáceo que la transforma en una perla. Imaginémonos ahora que somos esa perla, y lo que nos está lastimando va a activar en nosotros pensamientos creativos, conexiones nuevas, fuerzas para salir del statu quo, para abandonar la zona de confort, y transformar todo esto que parece negativo en un hecho positivo.

- *Las águilas*

A los cuarenta años, las águilas se refugian en un lugar seguro y allí se sacan las plumas, el pico y las uñas, que ya no le sirven, y esperan que crezca un nuevo pico, nuevas uñas y un nuevo plumaje. Este acto manifiesta su poder, su capacidad de renovarse a sí mismas a pesar de los años, del tiempo, de las circunstancias.

Las águilas vuelan sobre las tormentas, atraviesan las dificultades, y no solo las atraviesan, las traspasan y llegan a un cielo calmo. Y cuando los cuervos las molestan, vuelan aun más alto, donde ellos no llegan. Nosotros podemos hacer lo mismo, volar sobre la gente tóxica, sobre aquellos cuyo único interés es molestarnos y no dejar que traspasemos las alturas.

Cuando el halcón pelea, el águila no responde porque es sabia, sabe que él es mucho más fuerte, sabe con qué y con quién tiene que pelear. Por eso, vuela hacia el sol, porque sabe que el halcón no soporta su luz.

Si tu éxito molesta a alguien es porque esa persona no puede disfrutar de un éxito personal, y además, porque tu éxito le habla de su fracaso. Vuela sobre los tóxicos.

- *Mapa y territorio*

Mapa es nuestra manera de pensar y territorio es el mundo exterior. Esta metáfora está tomada de la programación neurolingüística (PNL). Si nuestras creencias están en el mapa, están en el territorio. ¿Qué significa esto?

A veces buscamos en el afuera las bendiciones, las alegrías, pero no tenemos «la idea» de que ellas están dentro de nuestra mente. Si yo creo que no lo voy a lograr, o que no puedo triunfar, no lo haré. ¿Cómo voy a buscar el triunfo afuera si primero no está en mi mente? Las batallas no se ganan en el campo de batalla, se ganan en el corazón.

- *El bandoneón*

Imaginemos que la pareja funciona como un bandoneón. El fuelle del bandoneón se contrae y expande y siempre genera sonido. La pareja sana se alimenta de presencias y de ausencias, de estar juntos y de estar separados. De tener un espacio compartido y también de mantener nuestros propios proyectos. Esta capacidad de poder tener una meta común y una meta individual fortalece a la pareja. Cada sueño individual y el sueño en común nos genera más pasión y mayor capacidad de disfrute.

- *El tapiz*

Cuando miramos un tapiz nos asombramos de la combinación de colores y de su hermosura, pero cuando le damos la vuelta descubrimos que eso se ha logrado mediante la conexión y la combinación de muchos hilos que a la vista no son tan atractivos.

Del mismo modo, las cosas difíciles que nos pasan, los nudos o las complicaciones de nuestra vida, van a producir algo bueno en nosotros.

- *La langosta*

Se dice que las langostas pueden volar de un continente al otro cuando esperan la tormenta. Se suben a la tormenta y utilizan el impulso para moverse. ¿Por qué no imaginarnos que somos como esas langostas, que Dios va a mandar vientos de bendición y oportunidades que a todos nos van a llegar, que vamos a estar preparados para aprovechar? No esperemos a tener el coche para aprender a conducir. Aprendamos a hacerlo antes. Sepamos que lo bueno va a venir y que tenemos que estar dispuestos para poder capturarlo.

- *La caña de pescar*

Imaginemos que somos una caña de pescar. Jesús mandó a Pedro a pescar un pez, y cuando Pedro lo abrió encontró una moneda para pagar el impuesto. ¿Qué nos enseña esto? Que en las pequeñas cosas puede haber escondidas grandes cosas. No esperemos grandes cambios ni grandes oportunidades. ¿Por qué no imaginar que en una sonrisa, en un abrazo, en escuchar a alguien, en algo pequeño, hay escondida una bendición importante? Cuando menos lo pensemos, cuando menos lo esperemos, lo que estamos anhelando sucederá de repente.

- *La* matrioska

La *matrioska* es una artesanía tradicional de Rusia. Son una serie de muñecas de madera esmaltadas con colores brillantes, huecas por dentro, de tal manera que cada una en su interior alberga otra muñeca más pequeña.

Imaginemos que somos como una *matrioska*, que tenemos varios niveles de intimidad. El primer nivel, es decir, la muñeca que está a la vista, es la intimidad de las ideas, es contar al otro lo que pensamos de un tema. Si abrimos la muñeca sale otra, y ese sería el nivel de los sueños, de contar los proyectos al otro, de animarnos a compartirlos. La tercera sería el nivel emocional, contar nuestras alegrías y tristezas. Y la última que nos queda, la más pequeña y la más escondida, corresponde a nuestras frustraciones, a nuestros miedos y angustias, a aquello que no podemos explicar, contar ni decir a cualquier persona, solo a aquellos que han estado a nuestro lado en las circunstancias de la vida más difíciles.

La confianza es algo que el otro se tiene que ganar. Se construye en el tiempo. No podemos ni pretendemos entregar toda nuestra confianza o ganarnos la confianza del otro en diez minutos. Debemos respetar los niveles de intimidad. Es por eso que una pareja sana se mueve en los cuatro niveles de intimidad.

Con estas imágenes, la idea es contribuir a que cada uno de nosotros vaya construyendo su vida, sanando sus emociones. Que se pregunte: «Este problema que tengo, si fuese un objeto o una cosa, ¿cuál sería? Si yo fuese un objeto, ¿cuál sería? ¿Y si fuese un animal? ¿Por qué?»

Y en esa búsqueda creativa, utilicemos las metáforas que nos sirvan a cada uno para meditar. Usemos el poder de la imaginación para sanar nuestro pasado y vivamos un presente y un futuro de proyectos, de sueños, de metas, de objetivos, llevémoslos a la realidad y no permitamos que ellos sean únicamente sueños.

Tú eres el único que puede hacerlos realidad.

BIBLIOGRAFÍA

LIBROS

AZAR DE SPORN, Selma, *Terapia sistemática de la resiliencia. Abriendo caminos, del sufrimiento al bienestar*, Paidós, Buenos Aires, 2010.

BECK, Judith, *Terapia cognitiva para la superación de retos*, Gedisa, Barcelona, 2007.

BEYERBACH, Mark y HERRERO DE VEGA, Marga, *200 Tareas en terapia breve*, Herder, Barcelona, 2010.

BISCOTTI, Omar, *Terapia de pareja. Una mirada sistemática*, Lumen, Buenos Aires, 2006.

CAGNONI, Federica y MILANESE, Roberta, *Cambiar el pasado. Superar las experiencias traumáticas con la terapia estratégica*, Herder, Barcelona, 2010.

CEBERIO, M.; DES CHAMPS, C.; GONZÁLEZ, A.; HERSCOVICI, P.; LABEL, H.; MICHANIE, C.; MORENO, J. y WAINSTEIN, M., *Clínica del cambio*, Nadir Editores, Buenos Aires, 1991.

CEBERIO, Marcelo, *La buena comunicación*, Paidós, Barcelona, 2006.

—, *La construcción del universo*, Herder, Barcelona, 2007.

—, *La segregación social de la locura*, Universitat de Barcelona, Barcelona, 1996.

—, *Ser y hacer en terapia sistémica*, Paidós, Barcelona, 2005.

CÍA, Alfredo, *Cómo enfrentar el trastorno obsesivo-compulsivo*, Polemos, Buenos Aires, 2010.

—, *Cómo vencer la timidez y la ansiedad social*, Polemos, Buenos Aires, 2009.

—, *Trastorno por estrés postraumático. Diagnóstico y tratamiento integrado*, Imaginador, Buenos Aires, 2001.

FOA, Edna; HEMBREE, Elizabeth y OLASOV ROTHBAUM, Barbara, *Recuperar su vida después de una experiencia traumática. Cuaderno de ejercicios*, SAPsi, Buenos Aires, 2008.

—, *Terapia de exposición prolongada para TEPT, procesamiento emocional de experiencias traumáticas. Guía del terapeuta*, SAPsi, Buenos Aires, 2008.

IMBER-BLACK, Evan, *La vida secreta de las familias. Verdad, privacidad y reconciliación en una sociedad del «decirlo todo»*, Gedisa, Barcelona, 1998.

—, ROBERTS, J. y WHITING, R., *Rituales terapéuticos y ritos en la familia*, Gedisa, Barcelona, 1988.

INSOO KIM, Berg y MILLER, Scott, *Trabajando con el problema del alcohol. Orientaciones y sugerencias para la terapia breve de familia*, Gedisa, Barcelona, 1992.

KARMONA, Alberto, *PNL el cielo del minotauro. Introducción a la programación neurolingüística*, Álvarez Castillo editor, Buenos Aires, 2009.

KUSNETZOFF, Juan Carlos, *Soluciones para el buen sexo. Técnicas eficaces para problemas comunes*, Del nuevo extremo, Buenos Aires, 2010.

NARDONE, Giorgio, *Corrígeme si me equivoco*, Herder, Barcelona, 2005.

—, *El arte de la estratagema. Cómo resolver problemas difíciles con soluciones simples*, Buenos Aires, Del nuevo extremo, 2004.

—, *El miedo, pánico, fobias*, Herder, Barcelona, 1993.

—, *Intervención estratégica en los contextos educativos*, Herder, Barcelona, 2008.

—, *La dieta de la paradoja*, Paidós, Barcelona, 2009.

—, *La mirada del corazón, aforismos terapéuticos*, Paidós, Barcelona, 2008.

—, *La resolución de problemas estratégicos*, Herder, Barcelona, 2010.

—, *Los errores de las mujeres en el amor*, Paidós, Barcelona, 2011.

—, *Manuale di Sopravvivenza per psico-pazienti; ovvero come evitare le trappole della psichiatria e della psicoterapia* (*Manual de supervivencia para los pacientes mentales, o cómo evitar las trampas de la psiquiatría y la psicoterapia*), Ponte alle Grazie, Firenze, 1994.

—, *Más allá de la anorexia y la bulimia*, Paidós, Barcelona, 2004.

—, *Más allá del miedo*, Paidós, Barcelona, 2003.

—, *No hay noche que no vea el día*, Herder, Barcelona, 2003.

—, *Psicosoluciones*, Herder, Barcelona, 2002.

NARDONE, G.; GIANNOTTI, E. y ROCCHI, E., *Los modelos de familia*, Herder, Barcelona, 2003.

—, LORIEDO, C.; WATZLAWICK, P. y ZEIG, J., *Strategie e stratagemmi della Psicoterapia* (*Estrategias y estratagemas de la psicoterapia*), Franco Angeli, Milán, 2002.

—, LORIEDO, C.; ZEIG, J. y WATZLAWICK, P., *Hipnosis y terapias hipnóticas*, RBA Libros, Barcelona, 2008.

—, MILANESE, R.; MARIOTTI, R. y FIORENZA, A., *El arte de la estratagema*, RBA, Barcelona, 2004.

—, y SALVINI, A., *El diálogo estratégico*, RBA, Barcelona, 2006.

—; VERBITZ, T. y MILANESE, R., *Le prigioni del ciboo-Vomiting Anoressia Bulimia: La terapia in tempi brevi (La prisión de la comida-Vomitando Anorexia Bulimia: la terapia en un corto tiempo)*, Ponte alle Grazie, Milán, 1999.

—, SIRIGATTI, S. y STEFANILE, C., *El descubrimiento y los hallazgos de la psicología*, Paidós, Barcelona, 2008.

—, y WATZLAWICK, P., *El arte del cambio. Terapia estratégica e hipnoterapia sin trance*, Herder, Barcelona, 1990.

—, y WEAKLAND, J., *Terapia breve estratégica de los trastornos fóbicos: un modelo de terapia e investigación de evaluación*, Ray, Nueva York, 1988.

NEIMEYER, Robert, *Aprender de la pérdida*, Paidós, Barcelona, 2000.

RABINOVICH, Jorgelina y KOPEC, Debora (compiladoras), *Qué y cómo. Prácticas en psicoterapia estratégica*, Dunken, Buenos Aires, 2007.

SABAT, Rafael, *Hágame caso*, Aguilar, Buenos Aires, 2004.

SANTI, Wanda, *Herramientas para psicoterapeutas*, Paidós, Buenos Aires, 1996.

SHAPIRO, F. y FORREST, Margot, *EMDR. Desensibilización y reprocesamiento por medio del movimiento ocular*, Buenos Aires, SAPsi, 2007.

SHAZER, Steve de, *Claves de terapia familiar breve*, Gedisa, Barcelona, 1992.

—, *Claves para la solución en terapia breve*, Paidós, Barcelona, 1990.

—, *En un origen, las palabras eran magia*, Gedisa, Barcelona, 1999.

—, *Pautas de terapia familiar breve*, Paidós, Barcelona, 1987.

STAMATEAS, Bernardo, *Las 7 leyes irrefutables de la sanidad interior. Principios para sanar las heridas del alma*, Ediciones Presencia de Dios, Buenos Aires, 2006.

—, *Quererme más*, Buenos Aires, Planeta, 2011.

WAINSTEIN, Martín, *Intervenciones para el cambio*, Buenos Aires, JCE, 2006.

WATZLAWICK, Paul, *Coleta del barón de Münchhausen*, Herder, Barcelona, 1992.

—, *El arte del cambio*, Herder, Barcelona, 1995.

—, *El lenguaje del cambio*, Herder, Barcelona, 1992.

—, *El ojo del observador*, Gedisa, Barcelona, 1994.

—, *El sinsentido del sentido o el sentido del sinsentido*, Herder, Barcelona, 1995.

—, *La realidad inventada*, Gedisa, Barcelona, 1990.

—, *Lo malo de lo bueno o las soluciones de Hécate*, Herder, Barcelona, 1994.

—, *Teoría de la comunicación humana*, Herder, Barcelona, 1993.

WISEMAN, Richard, *59 segundos. Piensa un poco para cambiar mucho*, RBA Libros, Barcelona, 2009.

OTRAS FUENTES

1.er Congreso Virtual de Psiquiatría-Interpsiquis 2010. *www.interpsiquis.com*

Revista Psykhé, vol. 10, n.° 2, Santiago de Chile, 2001.

ÍNDICE